張詡集

嶺南思想家文獻叢書
景海峰 主編

[明]張詡 撰
黄嬌鳳 黎業明 編校

上海古籍出版社

本項目由深圳市宣傳文化事業發展專項基金資助

編校説明

張詡，字廷實，號東所，廣東廣州府番禺縣人。張詡是明代大儒陳獻章（字公甫，號石齋。因居江門白沙村，學者稱白沙先生）最重要的幾個弟子之一。

景泰六年乙亥（一四五五），張詡出生。成化十年甲午（一四七四），張詡參加鄉試，得中舉人。隨後，「寧親于漳州之公署，定省、課書之暇，塊然無所營，因取南海志書讀之，采其古今景迹之著者，各賦詩以詠之，積成計凡若干首，細書成帙，分爲十卷。以其皆一郡之蹟，而詩略備古今諸體也，因名之曰《南海雜詠》」（《南海雜詠序》）。成化十七年辛丑（一四八一），張詡前往新會，拜陳白沙先生爲師。白沙先生「即以國士待」。成化二十年甲辰（一四八四），張詡參加會試，得中進士，觀政吏部稽勳，隨即疏乞養病歸廣州，養高林泉者六年。弘治二年己酉（一四八九），總督兩廣都御史屠滽俾有司促之仕，遂北上，授户部陝西清吏司主事。行前，白沙先生作《送張進士廷實還京序》。弘治四年辛亥（一四九一）年底，張詡之父張璸病逝。弘治五年（一四九二）春，張詡聞父喪，回籍守制。弘治七年（一四九四）夏服滿，例該赴部。然而，張詡没有赴任。此後，部書再三下有司速駕，張詡均再以疾辭，不起。直至正德八年癸酉（一五一三），御史高公韶疏張詡「學有體用，不爲一偏之行」，有旨起用之。正德九年甲戌（一五一四）四月張詡陞任南京通政使司右參議。五月二十二日，張詡兼程前赴南京。到達南京後，拜謁孝陵，即買舟回粤。九月九日重陽節當日，張詡回到廣州家中。抵家不閲旬而卒，享年六十。張詡的著作主要有《厓山新志》、《白沙遺言纂要》、《南海雜詠》以及《東所先生文集》。其中，《厓山新志》、《白沙遺言纂要》、《南海雜詠》均在張詡生前已梓行，《東所先生文集》則在張詡死後數十年纔刊刻。

我們這次整理《張詡集》，收入《南海雜詠》、《東所先生文集》。《南海雜詠》以明弘治十八年袁賓刻本爲底本，《東所先生文集》以明嘉靖三十年張希舉刻本爲底本（《四庫全書存目叢書》集部第四十三册，濟南：齊魯書社，一九九七年影印本），加以標點。此外，我們補充輯録出張詡集外文七篇（包括《贈林緝熙林先生教諭平湖序》、《翰林檢討白沙陳先生行狀》、《大理寺左寺正嚴公本傳》、《楊太后像贊》、《陸丞相像贊》、《文丞相像贊》、《張太傅像贊》）、詩一首（《題游心樓》）。《南海雜詠》以及《東所先生文集》第十至十三卷，由黄嬌鳳標點；《東所先生文集》第一至九卷以及集外文部分，由黎業明標點。限於見聞，陋於學識，標點錯誤在所難免，尚祈博雅君子、大方之家指而正之。

編校者

二〇一三年十二月

目録

南海雜詠

南海雜詠卷之二……（一九）

東所先生文集

東所先生文集卷之四……………（一三八）

〔二〕「蟲」，原作「蟲」，據正文改。

東所先生文集卷之十二……………………(二三六)

東所先生文集卷之十三

〔一〕春芽，原作「春茅」，據正文改。

集外文

附録

南海雜詠

南海雜詠序

昔人於其鄉之山川人物、古今勝蹟，類有永言，蓋所以道其興廢顯晦之故，以寓夫弔古傷今之意、登高望遠之情，欣悼嗟嘆，溢乎言表，于以傳之鄉人、播諸天下後世，使讀之者宛如身歷〔一〕其地而目擊其事，可勸可戒而不自知其感慕之至也。其所以有關於人心世道，夫豈細故也哉？予嘗有志於斯而力未暇以爲也。成化甲午，叨領鄉書，寧親于漳州之公署，定省、課書之暇，塊然無所營，因取南海志書讀之，采其古今景迹之著者，各賦詩以詠之，積成計凡若干首，細書成帙，分爲十卷。以其皆一郡之蹟，而詩略備古今諸體也，因名之曰《南海雜詠》云。所慊者，養淺而積薄，發而爲辭類，近而弗邃、鬱而弗章，風韻不長，不能極揄揚蹈厲之興以追配乎昔人之萬一，爲可愧耳。然異時或携之以遊江湖之間、居山林之下，時取一篇與漁父、樵童、野僧、田畯長歌短詠，以侑尊俎、資笑談，亦足以慰其羈旅之情、故鄉之思、索居之寂而已矣。若夫傳不傳，予又安敢置固必於其間邪！成化丁酉春二月既望，郡人張詡廷

〔一〕 歷，《東所先生文集》作「居」。

實序。

《雜詠》少作，率多鹵莽，殊不足觀。近輯《厓山新志》，引用書目中偶及之。斯名一出，索觀者接踵，予弗能悉拒之也。時在告，藥餌之外無所爲，因取而〔二〕

〔二〕「因取而」以下原缺。

南海雜詠卷之一

古蹟

任囂城 以下皆久廢。

《番禺雜志》云：在今城東二百步。

我聞南海尉，親拜秦皇命。如何垂死日，獨速龍川令。蕭曹豈伊人，驟授侯王柄。壘壘百雉城，遺蹟了無證。惟餘偏伯風，颯颯生五嶺。

趙佗城

在南海縣城，周十里，佗築之。後爲黄巢所焚。

衮衣玉食居然僭，自比蕭曹亦不疑。十里金城何處所，只今惟有月明知。

安期昇僊臺

在蒲澗上。

白日登宸去，三珠幾度花。秦皇無覓處，第見棗如瓜。

朝漢臺

在真乘寺側。《南越志》云：尉佗歲時登此朝拜，故名。臺一名武王臺，蓋佗并桂林象郡之初，自立爲武王，故名焉。

衆星拱北知天道，萬水朝宗識地靈。朝漢有臺當混一，豈緣高帝事窮兵。

劉王郊臺

在城西硬部，即朝漢臺故址。南漢時，郊於其上。《志》謂在郡北蓆帽山者，非也。

五代亂離際，虎據南越陬。稱制乘黄屋，下令崇圜丘。僭復掃地規，有事于春秋。燔柴登黄壇，秉圭被玄裘。淫哇無九成，駿奔非諸侯。明禋祈奏格，海風空颼颼。鼎魚思假息，穴蟻求久休。遺壝今霍然，但見樵蘇遊。嘅彼周東遷，禮樂成謬悠。魯郊不欲觀，自餘何足尤。

甘溪

在郊東北五里。晉刺史陸胤所鑿，後人建亭其上，呼爲陸公亭。

海濱多斥鹵，此水獨稱真。泉脉應通海，清甘故可人。幾回陵谷變，轉瞬古今陳。當時歌舞地，極目但寒蓁。

宋公遺愛祠

在藩府西，即廣平堂。爲唐宋璟立，張説作碑。

懿哉宋公，德大有容。明明在公，耿耿于衷。民始茅茨，火災是苦。寔公教之，陶瓦築堵。公之去矣，笑色日遠。遺愛在人，千載弗諼。生則君之，死則尸之。君之尸之，民之秉彝。

劉王花塢

在千佛寺側。桃花流水一二里，可通小舟。《志》謂在郡西六里，地名泮塘者，非也。

劉王僭號乾亨僞漢年號初，金羊遊幸駕雲車。近者月峽池名遠禹餘離宫名，更有花塢藏名姝。桃花落水如錦鋪，紫衣霞裾引女巫。瓊仙寵姬名花貌西施都，廷琄僞漢愛將忠膽伍子胥。劍樹刀山紂不如，聽讒殺忠類闔閭。清歌妙舞恰懽娱。一夜芝囷生墻隅。野獸觸宫羊吐珠，井石立行百步餘。百花回首化蓁蕪，已見麋鹿遊姑蘇。

離宫

在西城内，劉王集方士煉丹其中。

徐福樓船不見還，茂陵松柏亦摧殘。區區恩赦何爲者，也向離宫學鍊丹。

玉液池

在郡城西，又名明月峽。僞劉每歲端午，令宫人競渡其間。

五月五日綵隊出，宫娥粉黛争盛飾。龍舟競渡玉液池，君王沉醉連日夕。淡蕩春風花草香，黄鸝恰恰啼蕭墻。當時歌舞遊人樂，今日荒苔管夕陽。

花田

在郡西十里三角市。劉漢時，有美人名素馨者，死，葬於此，遂生此花，而香獨異，後人名爲素馨花。

玉貌賽楊妃，專宮寵特奇。生憎脂粉涴，不分月明欺。金屋人何在，素馨名獨垂。嬌羞如可貌，得似在宮時。

遠華樓

在大市圜闠中，即越樓也。前瞰南濠，高聳爲一郡之社，又名共樂。其下嘗貯歌妓，酤飲于此，俗呼花橋也。

遠華樓前百花開，金鞭紫騮嘶將來。明眸皓齒絶世豔，玉簫金管振天哀。遠華樓前百花落，夜夜樓頭吹畫角。笙歌聲斷晝沉沉，烟草愁生春漠漠。花開花落自年年，今日繁華非復前。塵世幾人能得僊，古來無恙此山川。草芥功名何足覓，浮雲富貴終何益。君不見漳河銅雀起秋風，洛下銅駝在荊棘。

壽安院

在舊威遠門内。宋寶祐間，提舉劉震孫建廟庫于南濠街，收其息以贍貧病。期治安，開壽域。東溟波，震孫澤。衣我衣，食我食。彼無惡，此無斁。

洗耳亭

在白雲山滴水巖下。四山壁立，飛瀑下注。舊傳有異人洗耳於此。

楚漢紛争兮，四海割據。上無堯德兮，疇識巢父。

筆授軒

在光孝寺中。昔制止鉢刺蜜諦、彌迦釋迦對譯《楞嚴經》于此，唐相房融筆授之。後因以名軒，有巨硯存云。

白馬馱經來洛陽，《楞嚴》筆授此何鄉。從此法流東土遍，曹溪一水入雲長。

孔顔之後又朱程，萬古斯文此日星。麟筆幾人傳不錯，較成蝌蚪未亡經。

賦歸亭

在高墉之上，經略方□構。

陸賈通南越，黄金滿槖回。而今腰縱折，誰肯賦歸來。

菊坡亭

在郡北鹿步菊湖之上。

菊湖之上菊坡亭，西望羅浮萬仞青。到處事功唐李泌，暮年風節漢嚴陵。

慈元殿

在厓山上。宋幼主以舟師航海，建行宫三十間，殿以奉楊太后云。

厓山尚説慈元殿，死事多傳楊太妃。勢力盡消名分在，江山猶是主人非。傷心北騎腥塵滿，回首西山日色微。一自滄波沉玉後，貞風人嘆古來稀。

東坡亭

在古勞都坡亭山。昔東坡南遷，尋僊人鐘鼎過此，愛其山水之勝，因駐車盤桓久之。後人慕之，爲築此亭。

聞道坡亭跡已空，古勞都下幾秋風。神僊到處期鐘鼎，出處當年恨長公。一代文章如白日，百年心事逐飄蓬。數聲願借遼陽鶴，唤醒英魂冥漠中。

峽山書堂

在峽山寺東。相傳黄帝二庶子隱此讀書。

僧寺依山麓，書堂面水隈。鼎湖龍馭遠，禺竹鳳聲哀。《禹貢》不及載，秦關尚未開。如何二帝子，萬里却能來。

萬人城

在清遠中宿北隕山，秦尉佗所築。

長城築中宿，雉堞一萬箇。飛語嶺外傳，關中今已破。

燕喜亭

在連州城北。唐王弘中謫官於此建，韓愈作碑。

連山蒼蒼，湟水東之。之公之謫，委蛇委蛇。
陟彼高原，廼夷廼披。有亭巋然，韓愈作碑。
天子在御，公遄來歸。智謀仁居，天朝羽儀。
世遠人亡，名流燕喜。文光萬丈，照耀天地。

雙溪亭

在連之海陽湖。唐劉禹錫所建，與裴侍御倡和其間。

青山想像昔詩人，明月不見裴侍御。一條白練自天飛，雙溪亭前和人語。

濯纓堂

在雙溪之傍，宋張魏公謫官、授館於此。

吾聞古君子，無入不自得。身窮道不窮，兹理甚不惑。雙溪本滄浪，魏公亦孺子。有歌人不聞，時無聖人耳。

丞相書院

在連之嘉魚塲左，建以祀張魏公。

每聞車馬當局錯，幾見塩梅下手親。張羅欲捕當年鳳，笑殺東湖賣屨人。嘉魚塲左有書院，説是連人祀魏公。三百年來扶社稷，一場春夢又成空。岳墓南枝露未繁，相公玉佩響金門。往來莫打西湖過，萬古烟波萬古冤。

列秀亭

在連州。魏公父子登覽之所。

連山有橋梓，高出雲漢表。清風時一吹，白日獨不照。橋木已入雲，寸朽良不少。梓木忽參天，材宜棟廊廟。橋梓遺遠方，棄材天所誚。

尊韓書院

在陽山，韓昌黎讀書處。

天上有奎星，忽墜陽山陬。光焰萬丈長，居人詢來由。陽山古荒服，文教所不布。皇穹憫斯人，特遺文星下叶。長戈回白日，隻手障狂瀾。玉獻反遭刖，長流嶺海間。風俗一再變，文物一再盛。人人得我師，耳提而面命。奎星圖書府，塵世郍久住。物從天上來，還從天上去。

建德故宅

在城西北。漢南越王弟建德故宅也。後爲虞翻圃，今爲光孝寺。

百粤山川秀，三城甲第雄。朝元秦佗宫名花蕚接，避暑水晶同。羅綺春風下，樓臺烟雨中。娥眉嬌欲泣，狐媚語偏工。銅鼓千門沸，金蓮徹夜紅。笙歌聞院院，雲霧隔重重。泡影千年計，繁華一旦空。遂成兵燹地，長動黍離風。人物消應盡，江山夐不窮。昔爲虞氏圃，今作梵王宫。有客題詩遍，無人載酒從。西來僧未覿，何處問圓通。

漏澤園

在連之北城，相傳昔之貧無地者，許葬於此。

白骨已成塵，遊魂散歸寂。不似古戰場，風雨聲啾唧。

雙闕

在郡之西城。乾道中，南海劉氏二女，母久病，一刲肝、一剔股以救之。事聞，詔即所居立闕。

劉氏女，髮初蟠。母病在床，女眼血未乾。五内生火欲焚死，何惜一縷股與肝。一刲肝，一割股，赤刀拔處星斗寒。强母開口股肝進，劉氏女，心如剜。生魂訴天天爲泣，母坐藜床病如失。嗚乎！壩上龍，號人英，殺父尚欲争杯羹。

十賢堂

在郡治城上。十賢者，吴隱之、宋璟、李尚隱、盧奂、李勉、孔戣、盧鈞、蕭傚、滕修、王琳也。乃蔣之奇增益。别有八賢祠，蓋潘美、向敏中、余靖、魏瓘、邵曄、陳世卿、陳從易、張頡也。乃周自强所立。

覽秦佗之故墟兮，風氣攸萃而固藏。山川盤結而崇峰兮，延袤十里之修城。携絮酒以展敬兮，登十八賢之祠堂。緊肇晉而迄宋兮，偉諸公修德之相望。吴宋二李二盧兮，與夫孔蕭而滕王。是爲十賢兮，咸以職業而顯揚。復有八賢爲潘向兮，與余魏二陳而邵張。瞻典刑之具存兮，撫載籍而增傷。嘅淳風之日頽兮，民趨靡而奔厖。重以悍吏之羅織兮，室家啼饑而號寒。窮亡憔悴已無聊兮，仍骨髓之是剜。皇穹作憤怒之色兮，太陽黯淡而不明。懷諸公之遺愛兮，寔蘩禧而夥慶。跽颺言以擥涕兮，念赤子之彷徨。羗彼貪墨而僨政兮，胡不泚顙而汗背？夫何風雨摧敗而不葺兮，坐視爲草莽之堙塞。先賢遺躅棄而不顧兮，其爲政固可知也。顧蠢蠢其何辜兮，獨不沾膏澤之遺也。言及兹而興喟兮，嘆諸公之不可期也。安得起諸公於九原兮，爲吾民之父師也？去諸公奚啻千祀兮，何人俎豆於其祠也？胥起而振邁之兮，庶有以慰吾民之思也。

二獻祠

在十賢堂東，祀唐張文獻九齡、崔清獻與之者也。

張文獻

都俞世遠真風邈，蹇諤如公一代良。老牧荆州悲髮短，蚤呈金鏡識心長。清吟歸燕詩情遠，力剪胡雛直道張。文獻風流清獻繼，千秋南海播餘芳。

崔清獻

腥塵當日半人寰，已見清泉白石閑。公題劒閣詞云：「蒲澗清泉白石，怪我舊盟寒。」疏上不緣輕富貴，賦成非是戀江山。九重屢遣温言速，八十惟辭旅力慳。今古人心豈相遠，此風端自二疏還。

廉吏祠

在玄妙觀西，吴隱之之祠也。

人生幻化水漚同，來也應空去也空。八百糊椒枉遺臭，一雙琴鶴愧清風。香沉南浦無長物，犬嚚東門有固窮。試問嶺南名宦幾？清天白日得如公。

運甓齋

在藩府西，晉刺史陶侃運甓之所也。

朝運一百甓，暮運一百甓。所運不在甓，思以强吾力。所强不在力，思以扶中國。丈夫始誕時，弧矢四方射。經營志四海，遽肯守尋尺。竭來胡亂華，典午國步失。温嶠奮斷裾，祖逖悲擊楫。所志在匡時，寧干富貴適。杳壇面周公，天門振八翼。大小道則殊，志定夢不易。所以千載下，英風動竹帛。借問懷居徒，栖栖竟何益。

南海雜詠卷之二

祠廟

南海廟

在郡東南八十里扶胥之口、黄木之灣。韓昌黎作廟碑。

江湖信有滄溟大，天地長留此廟新。一代碑文韓愈古，千年封號本朝真。波羅影外迎初祖，銅鼓聲中格遠人。十雨五風神是主，願昭靈貺荅皇仁。

周元公祠

在濂泉書院，前瞰藥洲。公嘗爲廣南轉運判官，後人思之，立書院以記之。臨水有亭，扁曰光霽，後又改爲愛蓮云。

斯文喪千年，蕪没一真路。至人起舂陵，默契自天與。開我以圖書，淵源有宗祖。下啟朱程門，上步周孔武。卓哉性命微，秦漢所未悟。我來拜祠下，光霽透雙户。碧草映紅蕖，依然天水趣。

祖廟

在佛山。正統中，黄寇亂，神顯靈驗，累攻不克。事聞，詔有司每歲致祀。

吾聞北方號玄武，乃是斗虚七宿神。胡爲人形而被髪，還以避諱晚易真。足躡龜蛇手握劍，身被絳衣垂大紳。至今佛山有廟食，爲民禦患曾呈身。吁嗟吾民好爲幻，講禮之官失討論。鬼神情狀先已昧，威靈顯貺從何申。

楊公祠

在郡城内。祀僉都御史楊公信民也。正統己巳，黄蕭養作亂，郡城將陷，得公至，賊勢遂衰。未幾，公暴卒。

干戈四起際，保障此孤城。日出氛埃净，春回草木榮。群兇如瓦解，大難逐潮平。未及收功日，轅門遽隕星。

公昔維藩日，齊民有二天。一心思活脱，兩手救顛連。節鉞臨危至，恩威到處宣。粤人懷舊德，香火至今虔。

予既爲詩以爲公功德之頌矣，復作迎送神辭二曲，俾歲時歌以祀公云。

蕉黄兮荔丹。採荷爲蓋兮，緝花以爲幡。山寂寂兮爲雲爲雨，神不來兮我心鬱煩。搔首兮延佇，飈迴旋兮起何處？俎有肉兮尊有酯，神盍歸來兮容與？

右迎神之曲

導豐隆兮殿飛廉，擁長幡兮影飄翩。儼聲靈兮在上，巫鼓瑟兮笛誼。九曲兮未闋，雲冉冉兮倏西還。音旋。南有荔兮西有蓮，神不留兮隕涕潺湲。

右送神之曲

金花小娘祠

在仙湖之西。相傳郡有金氏女，少爲巫。姿極麗，時人稱爲金花小娘。後歿于仙湖，數日屍不壞，且有異香。鄉人神之，爲立祠。予按：金花雖有貞節顯異，然失身巫覡，不能守人道之常，祠而祀之，已非矣。其後巫覡假之以惑世誣民滋甚，廣之愚夫愚婦翕然從之。使在位有狄梁公者出焉，吾知是祠之在所去也，必矣。他如北郭外崔府君廟，訛爲東嶽行祠，其陋習敗俗尤甚。予特舉此以例其餘云爾。

玉顔當日覩金花，化作仙湖水面霞。霞本無心還片片，晚風吹落萬人家。

忠靖王廟

在玄妙觀西。王即唐張巡也，力守睢陽，保障江淮，缺食城陷，不屈而死。後江淮通祀之。宋紹興中，封忠靖威顯王，故廣廟因名焉。王守睢陽時，有《聞笛詩》，予用其韻。

胡騎如雲四面臨，髑髏堆裏度光陰。江淮千里憑孤障，鐵石三人許遠、南霽雲、雷萬春也。共一心。忠烈特書唐史直，丹青遺廟粤城深。襄陽更比睢陽急，千載人誰嗣德音。

周節婦祠

在平步堡。郡人劉元妻。宋季爲强賊所逼，周紿曰：「當盛服以從。」賊以爲然，不之備，遂投于蘭石海中。

周家女兒古貞烈，平生自比孤鸞潔。比翼惟齊鸑鷟飛，同心兼得關睢别。緑林雖豪敢犯之，佯作温柔向渠説。回頭白璧已沉波，緑林睨之驚欲絶。桃花臉上春風生，争料胸藏一寸鐵。貞魂應不逐飄風，定作厲鬼將冤雪。至今蘭石海爲清，中有秋波照寒月。

大忠祠

在厓山之上。祀宋陸丞相秀夫、文丞相天祥、張太傅世傑。

陸丞相

攘夷尊夏義昭然，豈但餘生爲主捐。遺恨和戎迷國是，甘心抱日赴虞淵。朝衣濕盡孤臣泊，講幄時陳《大學》篇。千古大忠祠特起，厓山東下水連天。

文丞相

夷夏隄防天地截，君臣名分日星明。眼看東日沉溟海，首戴南冠赴虜庭。奔走黍離何處所？從容柴市若平生。指南手把當時録，讀罷西風雙泪横。

張太傅

卞彪磔舌真應見，南海奔波意却深。死節保孤程杵任，青天白日陸張心。瓣香祝處舟從覆，大運窮時力不任。二百年來還俎豆，海山猿鳥謾哀吟。

伏波將軍廟

在連州。漢武帝時，路博德征南粤，屯兵於此。

連山高高湟水深，俎豆當年爲誰設？試問淮陽百萬師，何如酈生三寸舌。

南越王廟

舊在南海縣北。祀漢南粤王趙佗，久毁。今憲府西侯王街有廟，以任囂、陸賈配焉。

趙佗

兩龍鏖戰關内，一虎獨步粤中。自乘黄屋稱制，身著赭袍呼嵩。風雨數間廟老，龜螭百尺碑穹。中有任囂陸賈，儼然作配西東。

任囂

昔志囂墓在光孝寺，廟在墓前。今俱無考。

百粤提封萬井，中原虎視眈眈。昔爲秦尉有狀，後禪龍川果堪。古廟低徊歲月，一陵想像禪龕。伏臘村翁走祭，門前估客馳儋。

陸賈 元有廟，云在僧居之傍。今無攷。

漢秦已罷甲兵，天下謳歌太平。奉使來憑寸舌，無人上請長纓。但遺清風動地，何須黃金滿籝。堪嘆人亡世遠，欲尋遺跡無徵。

韓文公廟

在陽山。公嘗爲令於此。

帝命文人掃世濁，力去陳言追古作。夏敦商彝返太樸，雕龍炙輠見者愕。甫湜張籍安能學，如捕龍蛇與之角。《原道》之篇識見卓，《佛骨》一表忠誠確。君王不諒乃左擢，來與潮人驅暴鰐。衡山陰雲一嘘擴，精神所寓靈濯濯。咸池西走扶桑略，南海窺遍衡湘泊。陽山赤子不坦膊，父慈子順人無惡。去思不已廟庭落，輪材負土争營度。椎牛釃酒歲一酹，被髮成龍來儼若。豈但一方懷諤諤，四海九州瞻斗嶽。

南海雜詠卷之三

冢墓

趙佗墓

《南粤志》云：「自雞籠岡以至北天井，連岡接嶺，皆佗墓也。初葬時，輀車四出，莫知真墓所在。」予按：此與曹瞞事相類，蓋譎計也。惟蒲澗側石馬舌上有云：「山掩何年墓，川流幾代人？遠同金騕褭，近看石麒麟。」説者謂即佗墓之形勢也。

伯圖已逐春雲散，魂爽應隨柳絮飛。江北嶺南今是古，青山一冢至今疑。

嬰齊墓

佗之孫也。吴孫權聞佗多以實貨狗葬，乃遣交州從事吴琦訪佗墓，莫能得。但得嬰齊墓，拙〔一〕之，得玉璽、金印、銅劒等物。後二劒經贛上飛躍于江中。

一坏何處尋，今田犂古墓。富貴空中花，人生草頭露。黄泉無敵兵，枉以雙劒貯。寶物非世玩，終然化龍去。

董正墓

正，番禺人也，操守清白，志趣高尚，漢末累徵不起。墳今不知所在矣。

重崗如抱嶽如蹲薛逢，碧水春風野外昏杜甫。不覩瓊林依玉樹孫逖，閑看遊騎獵平原雍陶。東風近墓吹芳芷李群玉，夾道疏槐出老根韓愈。無限别魂招不得崔塗，斷雲含雨入孤村韓偓。

番人冢

在城西十里，纍纍數十，皆南首西向。

華夷一大限，生死一大夢。時遇偶耕人，指點番人冢。

〔一〕拙，疑應作「掘」。

劉王冢

在郡東北二十里，漫山皆種荔子樹。龜趺石獸，在昔歷歷俱存。有發其墓者，其中皆以鐵錮之，竟不能動云。

錮泉欲奚爲，鑄金亦徒爾。人生陌上雲，伯業東流水。

楊太后陵

在厓山海濱。太后聞變，赴海死。張太傅營葬。

三年浮黑洋，萬里辭黄屋。辛勤何所爲，趙氏一塊肉。一朝赴滄溟，埋玉厓山麓。風濤夜半聲，宛若佳人哭。

宋皇陵

《志》謂在香山南五十里，山中有陵跡五處。宋景炎帝崩于舟中，殯于此。按：《宋史》載端宗崩于硇州，葬于厓山。《志》載非也。

萬里江山勢莫支，君臣當日嘆流離。東風芳草年年是，白骨青山處處疑。世界九州元屬宋，衣冠一旦盡爲夷。憑君莫話厓門事，話着厓門泪便垂。

全太后陵

在香山梅花水坡。

全后燕京去不還，一陵誰道葬香山。頗疑也只衣冠在，月色長如見母顔。

黄道娘墓

在新會東，乃光孝寺捨田檀越也。

道娘墳近官路傍，來往人拈一炷香。百頃良田都棄置，一生心地得清涼。八十紅顔猶處子，尋常義氣奪秋霜。只疑身是觀音化，還以慈悲度十方。

南海雜詠卷之四

山水

文筆峰

在郡南，形如卓筆。

千山萬山中，見此一峰秀。雲來片墨濃，雁過一字就。千載謾書空，誰以日計壽。願假補天手，執訂百氏謬。

坡山

在郡城大市闤闠中，上有五仙觀。

坡山高哉凌紫烟，下有穗石一洞天。羊駕何年來五仙，羊化爲石其中眠。珠宮貝闕相鈎連，仙風道骨像儼然。晨誦太上《道德》篇，泠泠清韻如響泉。恍忽旌幢來駢闐，步虚環佩空中旋。紅塵只尺如隔川，闃寂不聞塵世諠。我來乘風登其顛，下觀滄海變桑田。羅浮左眄小如拳，倒騎鳳凰恣孤騫。蓬壺方丈淺水邊，黍珠放光照八埏。和氣磅礴降蜿蜒，祥風披拂球琳宣。相邀暫出輔羲軒，文材武略羨雙全。大者爲聖小者賢，光輔吾皇億萬年。

景泰山

在郡城北白雲山之右。其上常有雲氣，飛瀑下注。始有七仙人守其地，後開山得石履、古鏡藏于寺中。

七僊同坐一山中，鏡履如今夢亦空。芳草欲尋忠簡跡，李昴英有讀書菴。白雲遥指梵王宫。花開不省經年别，人到惟聞隔嶺鐘。問訊蒲菴也歸寂，茶烟空遶佛燈紅。

西樵山

在郡西南。

高哉西樵山，足以抗天柱。龍自曹幕來，虎踞金甌嶼。蜿蜒百里餘，登者盡傴僂。樹作老龍吟，水溜靈禽語。怪石肖人形，壁立險絶所。縈紆入山腰，一望田膴膴。山居數百家，環堵桑竹樹。雞鳴日過中，粤歌聞相杵。維時秋七月，黄雲遍田野。撫缶歌豐年，沿村殺雞黍。仿佛桃源人，花木記寒暑。山迴路幾轉，亭亭歸梵宇。奇峰削不成，見人欲飛去。巖巖古洞幽，上有紅泉注。和風淡簪纓，步步覺容與。應接笑不暇，一顧一延佇。脱巾掛松梢，放足潺湲處。兩袖摇天風，幽懷浩無阻。行行雲谷庄，飽食滴石乳。東過烏利巖，仙人有遺距。靈跡恍莫測，神境妙難取。再歷雙魚陂，白日驚風雨。振衣不見濕，去天尺五許。誰云此山小，一覽隘環宇。

江門

在新會二十里。

天接潮頭來舫白，雲横水口映蓑明。一條正路黄雲山名裏，千丈盤空紫氣生。

風光錯認桃花源，烟樹上有春陵村。瑞雪頻年飛百粤，德星白日照江門。

世上自有郭璞眼，江門水作龍門在伊川看。春風幾見童冠遊，千古還聞川上嘆。

石門

在郡西北三十里。兩山對峙，屹若門然，乃漢樓船破越之地也。積石之説，有非之者。今創西華寺其上。

嶺南石門如劍門，江水中流萬馬奔。中有長蛇與封豕，瘴烟白日常如昏。樓船將軍擁兵下，滄溟直欲一口吞。大破石門收百粤，英風凜凜今如存。扁舟石門閑訪古，山青水白好人村。禪扉次第連雲起，幽闃不聞人世諠。雨過山頭翻石燕，風來水面弄江豚。兩岸桃花爛如錦，行人都道武陵源。

厓山

在新會南大海中，與奇石山對峙如門，俗呼爲厓門。宋祥興舟師駐此，後世傑與元兵戰敗，宋祚遂移。

超然孤嶼滄海上，奇石東南屹相向。浪拍厓門兩扇開，中間潮汐暗消長。鯨波四面如連環，無風白浪高於山。形勝豈惟衣帶地，風波未許天險攀。德祐當年國步失，四海腥塵蔽雲日。孤兒寡婦共浮溟，奔走正當亂離日。旋作行朝山海間，結爲草市數十間。經帷勸講失緩急，鎮江鐵石非機關。衛王齠齔纘皇圖，太妃垂簾口稱奴。籌策兵戎惟世傑，潤色皇猷獨秀夫。北船樂作師未出，笑殺南軍兵失律。子母同爲魚鱉腥，君臣俱葬蛟龍窟。回首厓山雲霧深，英雄目擊泪盈襟。只今來往任樵採，芳草一陵何處尋。

可憐漢燼不重炎，寰宇腥風忽被漸。滄海亢龍猶駐蹕，荒厓落月更垂簾。虎頭將士時存幾，牛角山河日入尖。龍馭中原知不返，旄頭當宁倩誰殲。群雄捧日功何補，竟歲奔波突不黔。

生死到頭寧有别，熊魚自古不能兼。倉皇戰守終成拙，瞬息存亡豈假占。戰敗孤兵探虎穴，朝來隻手挽龍髯。燕山囚虜生寧詘，柴市從容死不嫌。楚玉幾人還免玷，胡塵到此不教霑。此心白日應同照，大節秋霜未比嚴。砥柱要將東逝激，還丹端爲積疴砭。無才似賈吾還吊，有筆如杠史發潛。香火大忠祠近設，慈元全節廟宜添。大明一出群迷啟，喬嶽重開百代瞻。長句敢因孤憤泄，瓣香聊爲數公拈。

石鼓山

在東莞西南。突起平地，有石如鼓。世傳世亂則鼓自鳴。

石鼓山，石鼓形。石鼓一朝響，處處起刃兵。相傳盧循來，石鼓曾一鳴。只今盲風怪雨夕，草木盡作人馬聲。疑是金華牧羊兒，叱咤此物嶺海行。又疑女媧補天剩，翻教下土爲石精。大似會稽城門上，空天白日雷霆驚。方今聖天子，四海歌太平。我欲碎其鼓、沉滄溟，布陽和、鞭風霆，倒挽銀河洗甲兵。

抱旗山

在郡南。望之，其形冉冉如旗。山下江水環抱，人不可登。

南有抱旗山，雲雷長閃閃。萬古此開張，迴風不能捲。

白雲山

在郡北十里，上有白雲寺。

白雲山勢如龍虎，更比匡廬得天趣。洪厓浮丘杳無踪，瓊臺丹室如可覩。禹粮處處得充飢，蕘韭莖莖資大補。九龍之泉自天飛，聲落長江振閩楚。鶴舒之臺高入雲，安期白日昇天去。澗底惟留九節蒲，欲尋僊蹤知何處。劉鋹取道命呼鑾，秦佗築宮來避暑。百年富貴安在哉，惟見巖頭紅槿樹。梵王宮殿九天開，千疊萬疊烟霞阻。僧到惟聞隔嶺鐘，雲深每失來時路。兩山居士天挺豪，第一名書摹禮部。山僧見之欲絕倒，建亭刻石絕險所。家君嘗摹米芾鍾南「第一山」三大字授寺僧，榜于山之絕頂。此山嶺南信第一，佳名不愧大士取。君不見輿高不在升華嵩，東山一登應小魯。

崑崙山

本二山，在新會六十里。

名山獨推崑崙尊，此山何緣名崑崙。層巒疊巘杳神境，桃花流水通仙源。天路險絕樵採稀，時有好事來攀援。一懷仙李輒迷路，靈踪變幻不可言。

杯渡山

在東莞南。相傳有禪師以杯渡海來居此山。

海風高海水怒，海水茫茫一杯渡。荆棘叢生虎豹丘，跏趺之處景遂幽。我亦有杯異於是，先天而生後天死。十洲三島生中生，五湖四海起處起。君不見人言一葦曾渡江，蓮舟之説俱荒唐。

粤秀山

在郡北城中，即越王臺故址也。

憶昔越王歌舞臺，千樹萬樹荔花開，朝漢年年到此來。又憶南漢呼鑾道，千姝萬妓顔色好，乾和殿上秋風早。興廢百年東逝火，青春不留君奈何，梵王宫殿今嵯峨。觀音閣上涼如水，俯視人寰小如蟻，富貴浮雲何足睨。

番山

在舊清海軍樓下，番、禺二山舊相聯屬，劉龑鑿平之。就番山積石爲朝元洞，而以沉香爲臺，觀於禺山之上。方信孺嘗辯正，以今志番山爲禺山，理或然也。

朝元宫裏秋風早，清海樓頭夜月還。興廢百年如走馬，番山多錯認禺山。

禺山

在郡學後。

眼中不見沉香臺，誰啓聖人燕居户？鼓瑟鳴琴玉几前，一回一點春風下叶。

羅浮山

在增城、博羅二邑界上，本名蓬萊山。一峰在海上，與羅山合。上有洞通勾曲，又有璇房、瓊室、七十二所，即十大洞天之一也。

羅浮山本蓬萊山，廼大洞天十之一。山高三千六百丈，三百里周遭始畢。璇房瑶室七十二，四百亂峰蔽雲日。峰之奇者號飛雲，六月冰天股戰慄。更有神仙八大洞，絶無人地天勿密。

洞之幽者勾曲通，神行妙運速不疾。雷霆車馬日夜喧，風吹不斷練千匹。天台雁蕩徒稱雄，十洲三島差髣髴。石樓突兀列西東，俯視群山如蟣蝨。登望滄海一杯泓，塵緣捐盡心如失。兩山相接中截然，石磴縈紆盤詰詘。杳然鐵橋流水幽，虹橋石橋遠不及。煙雲慘淡非人寰，樵蘇路絶無躋攀。凡襟俗眼争得近，仙翁劍客稍往還。蒼松古檜如雲霧，石上紅泉響潺湲。竹符丹竈在何許，紫鸞玄鶴空中摶。梵宇琳宫相隱約，梅花村落桃源寬。酒國長春信有之，潮田惡歲不相干。子西脚板剛一到，邯鄲枕上夢初闌。仲素高棲在昔日，結廬勝處寧求安。静觀了了環中趣，未發能將氣象看。此是延平單傳旨，紛紛影響何足觀。乃知名山大道本不遠，了非出世非世間。

峽山

一名中宿，在清遠東二十里。兩山對峙，如擘太華，舊載即二禺山也。相傳黄帝二庶子採崑崙竹爲黄鐘管，居於此。

古人已不見，今人又復來。峽流東海去，日色江頭催。

廣慶寺 即峽山飛來寺。相傳有孫恪妻至此，化猿而去。

玉環碎一聲，回首峽山暮。安得如蕭郎，乘鸞攜手去。

飛來殿 在寺中。梁武帝時，中夜風雨暴作，黎明寶剎已在寺中。

何年此飛來，願尔千歲住。風雨對床時，只恐又飛去。

達磨石 在寺西，舊傳達磨坐禪處。石方數丈。

折蘆渡江去，説法臨江流。料得無人聽，惟應石點頭。

釣臺 在寺西，昔趙胡釣得百斤金鯉於此。

寺西一巨石，下瞰三峽水。何人下絲倫，釣得百斤鯉。

和光洞 在深谷中，洞左右有五色榴花。昔安昌期隱此。

我上和光洞，榴花開五色。不見皇祐人，踟躕空太息。

沉犀潭 昔崑崙奴獻犀至此，忽沉入海。後有漁人釣得金鎖尺餘以進。

金鎖有餘光，傍觀羡一飽。何以沉此潭，異獸聖不寶。

龍磨角石 在峽口。相傳每春有龍磨角其上，歲有新痕可驗。

老龍數十頭，時來此磨角。渠爲霖雨牽，我被烟霞縛。

金芝巖 在山之巔。宋開寶間，望氣者云有金草，遣使求之，於巖得金芝二十莖，錚然作金聲。巖中有葛洪丹竈。

金芝出何許，乃在巖之阿。金芝與丹竈，吾手得摩挲。

老人松 在飛來殿西南十餘丈。後人剞之，見夢於吉老。

老人幾千歲，形骸如蟄龍。寧爲樵斧斲，不受秦皇封。

黃巢磯 在峽中，巢覆舟處也。

舳艫蔽江下，破此急湍磯。貪殺不自戒，千金施何爲。

右十詠，以其皆隸於峽山也，故繫於此，不得從類焉。

浮丘山

在郡城西四里，浮丘丈人得道之地。學士黃諫曾結詩社其間。

我聞羅山朱明失門户，浮丘丈人作杯渡。浮來一住三千年，至今靈蹤尚儼然。葛洪丹竈在何許，歸來白石試爛煮。赤松未來欵洞門，學士詩壇今尚存。自從學士歸天府，人物空然一環堵。我來緬想真仙風，欲拉幽人闢舊踪。載酒張琴時一至，高歌擊碎鐵如意。

馬鞍山

在郡北鹿步。秦時，望氣者謂南海有王氣，發卒千人鑿之。後馬伏波駐兵岡上，每風雨晦暝，若有人馬之聲。

鬱鬱葱葱王氣佳兮，壠上揭竿千卒開兮，伏波駐兵抱鼓輻兮，迨天陰雨殺聲哀兮，豈山有鬼自相豗兮。

南海雜詠卷之五

虎頭巖

在白雲山。崎嶇險絶，望之如虎首耽耽下視。

剛被海風吹老，慣逢野火不燒。漁父問名海口，南海口有虎頭門。南人錯認班超。

滴水巖

在蒲澗之上。飛泉百尺，下臨無地。

玉舄仙人何處歸，月明鶴馭見依稀。菖蒲澗底笙簧奏，滴水巖頭練帨飛。落落遺經是補，茫茫墜緒須尋。滄波起於涓滴，萬化生乎一心。

沉香浦

在郡西金利都。吴隱之歸自番禺，其妻劉氏齎沉香一片，隱之見之，遂投于浦。後人名其地曰沉香浦。築亭其上，曰沉香亭。

天地有終窮，四大良假借。借問世間人，誰是長年者。而況身外物，但積豈不化。珠璣等苓通，金璧齊土苴。何物沉香微，一一令捐舍。惟餘沉香浦，清風千古射。

黄婆洞

在寧都山。五代時，有黄嫗避地於此，後仙去。

黄婆婆，來何許？人不識，竟仙去。

桃洞

在寧都山東南。古有桃樹百餘株，環以石欄，世呼爲桃洞，又呼爲桃村。當春，則爛然紅映山谷。蓋人間之桃源也。

隔洞杳長津，桃花歲歲新。時時覯毛女，怕是避秦人。

琵琶洲

在郡東三十里。以形似故名。

點點洲前雨過，冥冥江上煙霏。潯陽老妓出舟時，目擊江山掩泣。○莫恨無絃可撥，且教低唱些兒。酒闌攜手看花枝，司馬青衫多濕。

右調西江月

藥洲

在城西，僞劉聚方士鍊丹之地。今濂泉書院即其地也。

洲上風吹百藥香，洲前流水一溪長。金花顯迹平湖出，劉鋹歸朝九曜石名荒。白雪黄芽非世藥，塡離取坎却眞方。紫陽未出玄關閉，誰把《參同》叩魏陽。

僊湖

在城中，因金花得名。今白蓮池，其故址也。

僊湖之水長東流，僊湖之僊麻姑儔。湖僊本是西王妹，一謫塵寰幾千歲。依神爲覡不嫁人，笙歌長遊玉洞春。一朝靈骨蜕湖水，披拂異香聞十里。玉顔花貌儼如生，怪底驚殺五羊城。湖傍特起金花廟，靈貺昭昭人不曉。只今湖上多白蓮，白蓮花開疑水僊。

洸口

在郡北四百里，南漢愛將邵廷琄被譖賜死之地也。

洸口水流秋復春，禹餘宮蹟久封塵。不知當日爲心膂，門裏人還門外人。南漢主嘗謂士人爲門外人，獨任宦者。凡群臣有才能及進士狀頭皆先下蠶室，然後進用。亦有自宫以求進者也。

昔年洸口一鴟夷，影響千秋跡不移。南去北來無了日，水光山色有餘悲。

南海

去郡城十里。

百里雷聲日夜諠，虎頭門外水連天。分明水國三千界，隱約龍宫十萬椽。鮫室蜃樓胥夾輔，江神河伯總承宣。日華朝吐乾坤外，寶氣光生甲子海中山名前。玉樹珊瑚多似米，洞庭彭蠡小如棬。共期九老丹霄上，還訪三神弱水邊。眼孔果從真處得，丹青浪有世間傳。海傍撞着安期老，問我乘桴住海年。

粤江

郡前珠江也。

長江東下浪如山，閱盡人間幾興廢。蕭寺門前水更深，碧波半是離人淚。古今送别，多寓海珠寺中。

風來不作瞿塘險，日照還同江漢清。天塹了無南北限，扁舟一任東西行。

四海五湖通地脉，千秋萬歲遶仙城。無波不是朝宗意，有浪應非灩澦聲。

十年不上黄金臺，浩思臨風不易裁。無情也笑長江水，南北年年送往來。

零丁洋

在香山東海中，文丞相詩「零丁洋裏嘆零丁」，即此地也。

回首零丁洋，紅輪忽西墜。不照孤臣心，空墮孤臣淚。

媚川都

僞劉採珠之地也。隸卒二千人，因而死者相枕，既充府庫，復以飾棟宇及宫女之粧。潘美克平之，後得之以進。太祖令小黄門持示宰相，且言採珠危苦之狀。開寳五年詔廢。

君不見媚川都浪如屋，風日號鬼夜哭。老蚌放光射太微，小蛇學作蒼龍飛。生靈十萬化魚鱉，裸形入水尋珠璣。十無一二返，往往飽鯨鯢。一朝雷震蛇驚死，怪滅氛消從此始。

白龍池

在新會崑崙山頂，池生雲霧則龍見。

白龍池上水，滴滴中商霖。何故無人識，衹緣雲霧深。黄雲失白晝，紫氣騰虛空。樵蘇争敢近，潭底有潛龍。

聖池

在新會緑護屏山頂。

千流分作澗，一脉暗通溟。有水多愚辱，兹池獨聖名。變化無方在，停涵太極生。懸知千歲人，人物此鍾靈。

聖池在何許？乃在儸山頂。雲來白晝失，日照光奪鏡。一脉潛通滄海匀，千流競出溪澗分。興雲致雨澤枯槁，鍾靈毓秀産至人。夜看月照雲不起，朝見風來波亦止。任公不得暫垂鉤，巢父安能頻洗耳。靈源混混真圓融，妙用衮衮元無窮。四海蒼生望霖雨，不應池底尚潛龍。

南海雜詠卷之六

泉石

簾泉

在郡北蒲澗，水自白雲下注而爲飛泉，若濂箔然，故名。昔安期生得一寸九節蒲於澗底。

白雲絶頂有飛瀑，大珠小珠落萬斛。初疑銀河瀉九天，又如環珮歸仙躅。毛髮森然不敢留，稍下百步金石幽。如將白練爲濂箔，高挂清虚之殿頭。定是天孫爲紡績，唤取鮫梭方織得。風來不捲月不鈎，世不收拾垂百尺。我來手弄潺湲處，青天白日驚風雨。何當飽嚼九節蒲？捲簾飛挾蓬萊去。

貪泉

在石門，吴隱之酌泉賦詩之處也。南漢劉龑惡其名，運石填之。天順間，學士黄諫謫判廣州，始訪而得之，爲亭以蔽風雨。予因追次吴公之韻，以爲昔賢頌焉。

使君立心不立産，使君貪義不貪金。不是貪泉不清泚，貪泉聊試使君心。

予既追和吴君之韻，又從而爲之歌。歌曰：

貪泉之水不必濁，我來引瓢試一酌。黄金大義孰重輕？衣可芰荷食可藿。我心匪石不可移，我心匪馬不可馳。黄綺尚茹商嶺芝，齊夷只食西山薇。居官貴已至刺史，環堵蕭然只如許。沉香一瓣已投波，鬻犬街頭資送女。始信人心在守貞，貪泉之水元無情。嗚呼！縱然彭蠡與洞庭，此水未必敢與公争清。

達磨泉

在郡城北，即今九眼井也。昔達磨自天竺航海至，指其地語人曰：「下有黄金萬斤。」貪民竭力掘之數丈而遇石，穴石而泉迸。達磨曰：「是不可以斤兩計也。」後人伐石，爲盡開九竅，護以石欄，其味冷而且甘。若夫劉氏呼爲玉龍泉，與夫所謂越臺井、鮑姑井，盖又是一井，在越臺下，久塞方孚。若指即此泉，非也。水火良爲世所需，争知仁道急於渠。是誰鑿此先天竅，萬兩黄金也不如。

安期丹井

在碧虚觀三清殿前。其味清甘，烹茗瀹物，作金石氣。一石欄尚存，欄八方刻八卦云。

雲山蒼蒼兮，醴泉泠泠。真仙駐節兮，鍊形保精。藥爐火候兮，九轉乃成。刀圭入口兮，白日飛昇。我聞先正兮，室西造銘，曰存順事兮，没吾其寧。

東坡井

在玄妙觀東廡下。東坡始鑿，得一石，狀如龜，名龜泉。護以鐵欄，李昴英銘。

昔坡翁，鑿此泉。得一龜，尚蜿蜒。化爲石，吐甘涎。味旨哉，名遂傳。鐵爲欄，護千年。飲者壽，民之天。

雲母井

在增城鳳凰臺下。邑人何仙姑，生唐開耀間，居嘗餌雲母，汲此水製之。善詩，所遺五絶句，略無人間烟火氣，真飛仙語也。予次其韻。

娉婷瑶水一枝花，二八青春碧藕芽。自是生前帶仙骨，底須勾漏覓丹砂。

登臺揮手謝塵囂，瀛海神山歸路遥。雲母天花無覓處，洞雲深處一聲簫。

弱水蓬萊幾淺清，尚緣塵絆惱人情。撒手瑶池歸去晚，一塲春夢又分明。

煙水蓬壺路欲微，麻姑怪殺到來遲。去時苦被天書促，忘與童童説得知。

紫雲何處聳三台，第見千門萬户開。別去井邊遺一舃，不知誰解着將來。

仙姑又嘗於羅浮黍珠菴東壁題一絶，字比晉人差清婉少骨。壁時半毁，惟有十三字存焉。予僭爲續之。

百尺水簾飛白虹，笙簫松柏語天風。何時跨鶴還來此？吟到無聲始筭工。

大小水簾洞

在白雲山麓，東西相距二百步，蓋九龍泉下流也。

澗水長流若箇添，山花賣弄舞腰纖。笙歌斷續來何處，新月斜鈎一片簾。

文溪

在鷺洲堡大羅村，忠簡公故居在焉，因以爲别號。昔理宗嘗大書「文溪」二字以賜之。

平生依玉樹，公爲菊坡門人。幾疏抗金閨。嶺海千年下，文溪配武溪。武溪，余忠襄公别號也。清風期晚節，種菊作生涯。聞道崔丞相，剛傳李探花。

越溪

在郡東北，源自景泰山流下。狀元張鎮孫别號也。

越溪與文溪，昔日大名齊。文越不同道，溪流分悟迷。干城降獨蚤，度嶺死應遲。守死信不易，偷生亦奚爲。

雙眼井

在北城外雙井街施水庵側。

源源復源源，金鰲張兩目。記得兵火時，夜半如人哭。

學士泉

在郡城北十里，學士黄諫所鑿。《水泉記》品居第一。

流濁兮濯足，源清兮濯纓。今之人兮不然，吾將詢兮先生。

九曜石

在藥洲上，太湖産也。僞劉時，富民負罪者海運置此自贖。

太湖産奇石，色相良楚楚。初疑補天遺，又訝列星墮。劉王古桀紂，炮烙以待過。刀山劍樹慘，得石乃免坐。遂令藥洲上，積石如飯顆。一朝伯業傾，斯民出水火。惟餘幾片石，惡名千古播。

動石

在寶象峰上，叱之則動。

象峰多怪石，時作獅子吼。剛被黄初平，叱起滿山走。

盧堠石

在南箕堡水濱。按《志》盧循浮海而來寇，與吳隱之戰于此，因立烽堠其上。

盧循乃亂臣，隱之作廉吏。廉吏與亂臣，薰蕕不同器。

南海雜詠卷之七

亭臺

越王臺

在城北四里，趙佗張樂于此。一名臺岡，一名越井崗，又謂之天井。

崇臺千尺皆蒸土，夜夜登登不歇杵。一廉一陛塗民脂，畫閣雕欄貯歌舞。春風到處沉檀香，溽暑四壁水晶涼。江山延袤萬餘里，綺窻啟處烟茫茫。空中縹緲羅仙仗，絳旌羽葆屹相向。錦茵獨薦傾城娃，牙床高掛銷金帳。管絃嘈嘈宴諸王，夜焚蘭麝坐椒房。臺上月來人已醉，樓頭風起樂初張。中原鹿走人共逐，多少英雄就擒戮。何如臺上樂少年，清歌妙舞懽不足。壩上真人仗劍興，除秦掃項致太平。殷勤專使致尺書，白旄黃鉞那能征。秦佗了似太倉鼠，日飽陳紅得容與。百年伯業一朝傾，富貴榮華問何處。百粵山河秋色空，故宫禾黍月明中。見説漢高當此際，未央宫殿起秋風。

鳳凰臺

在東莞道家山。昔有鳳凰來集於此。白玉蟾有詩。

鳳去還來世不知，仙郎著處見題詩。方今天子當年舜，千仞岐山一振儀。

妙高臺

在靈洲寶陀寺。東坡有詩，石刻尚存。

南遊寶陀寺，直上妙高臺。前身德雲主，今日長公來。三生緣變化，萬有歸塵埃。百年彈指頃，擾擾胡爲哉。

韓文公釣臺

在陽山三門灘下，韓昌黎垂釣處也。

釣石起千仞，滄波一掌平。伊人垂釣處，月白更江清。

嶺南第一樓

在坡山。上榜曰「嶺南第一樓」，下榜曰「鯨音」。晨昏擊鐘於其上焉。

五僊勝蹟坡山岑，第一樓高冠古今。記得扁舟湖口過，噌吰枕畔有鯨音。

處遠樓

在海珠寺後，學士黄諫謫判廣州時建，名取范文正公《岳陽記》中語也。

謫情羈思兩茫茫，一度登樓一斷腸。昔日鬢鶩今日短，紅雲心比白雲長。羅浮山色如衡岳，南海波聲亦楚湘。聞道邯鄲夢千轉，至今猶未熟黄粱。

拱北樓

即昔之清海軍樓也。在雙門之上，雄壯華麗，設更鼓其上。

十洲地數廣州雄，一上高樓思不窮。頂上有星皆拱北，眼前無水不朝東。四時鼓角晨昏定，是處人烟水陸通。愛殺嶺南風土好，滿城蕉荔緑蔭濃。

鎮海樓

在北城上。

高樓出睥睨，鎮海得佳名。棟宇青雲上，欄干北斗平。孤撑天地裏，盡閲古今情。秀色羅浮近，洪波大海横。

觀瀾亭

即昔之海山樓也，在市舶司前。其水貯之，經月不變。

觀水有術孟氏子，誰能迴之韓昌黎。我欲扁舟求一濟，前山風雨正淒迷。

浴日亭

在南海廟右，小山屹立，前瞰大海，構亭其上。宋蘇子瞻有詩，予用其韻。

赤日初出扶胥口，長風爲掃黄木灣。試問漁翁釣南海，何如孔子登東山。已有佳山藏白首，豈無大藥駐紅顔。亭前撞著純陽子，指點蓬萊水月間。

百可亭

在藩省内西北。

咬得菜根方百可，養心寡欲老偏宜。拔葵世想公儀子，鬻犬誰非吴隱之。

廣趣亭

在景泰寺前一里許，舊爲僧歸亭，學士黄諫重建並記。

風流學士文章手，墨水翻騰風雨驟。予來白雲訪高踪，一間亭子依山秀。兩丸日月東西飛，昔日紅顔今白首。男兒料理果何事，功名富貴真芻狗。春風駐屐崑崙顛，伸出擘天一雙手。羅浮匡廬盡椎碎，南海西江消一口。

南園詩社

在城西。國初孫蕡、王佐、黄載、李德、趙介結詩社於此，時號五先生，各有詩集于家。

風朴衣冠盛，時清鸑鷟鳴。後來南海志，須傳五先生。予嘗命門人薛當時爲立五先生小傳。

南海雜詠卷之八

寺觀

西來堂

在城南，昔達磨西來駐錫於此。

何年飛錫自西來叶，萬古長空一鳥飛。只爲少林無口訣，教君何處覓筌蹄。

月華寺

在古博都，孫蕡有詩，予次其韻。

連海幽人此繫舟，百年身世頓忘憂。辭兼楚客無雙技，詩壓唐人第一流。古博山川看似畫，月華風景淡於秋。翻低四皓商顔裏，一局殘棋着未休。

伍仙觀

在坡山之上。昔有五仙人乘五羊持六穗而至，祝曰：「願此闤闠，永無荒饑。」既去，羊化爲石。鄉人德之，立觀以祀焉。

五仙騎五羊，手持六本穗。有無何渺茫，豐穰足爲瑞。

光孝寺

在郡城内西北，雄壯深廣甲諸寺。今祝聖壽之所。

諸寺東南此寺雄，千秋萬歲祝皇躬。風光緬想虞翻圃，明月曾來建德宫。筆授佳名流載籍，菩提古色上金容。風幡一味禪和訣，世没盧能誰指踪。

風幡堂

在光孝寺中，前有巨池，植水松數十本，度以石橋。

一心具萬有，神理貫三才。争似虚空説，松陰打坐來。

衆妙堂

在玄妙觀中。道士何德順建，蘇文忠公記。

吾聞玄妙觀，中有衆妙堂。山川孕人物，星斗煥文章。

碧虛觀

在蒲澗上。昔始皇遣人訪安期生於此，遺以玉舄。

碧雲鎖斷此青山，遥望琳宫杳靄間。青牛過去遺道德，黄鶴飛來問大還。却笑捕風遺玉舄，何如束帛走商山。今人點檢前人事，依舊邯鄲夢未闌。

西竺寺

在郡城内東北、粤秀山左。宋乾德建。

路入碧山岑，松篁夾道陰。紅塵開寶刹，城市有山林。日出袈裟静，風傳梵唄深。偶來隨喜處，瓶水照禪心。

興聖寺

在郡東北，即草堂禪師化身之地。宋季建寺，元永悟禪師改建赤岡頭。

膏火人間遍，烟霞物外尋。人須離苦海，鳥亦傍叢林。見佛寧爲佛，傳心欲了心。偶來興聖寺，像外覩威音。

龜峰寺

在郡城西五里，地名龜山。舊爲西禪寺，今賜額龜峰寺。

龜峰亦鷲嶺，此寺非少林。有僧方辦道，無佛不傳心。寄語蒲菴道，海針何處尋。

懷聖寺

在城中番塔街。每歲五月，夷人以五鼓登塔頂，以祈風信。下有禮拜堂，無佛像。按《桯史》云：「番禺有海獠，蒲姓，占城貴人也。既浮海遇風濤，憚於往復，乃請于其主，願留中國，以通番貨，許之。」寺乃其故居之址也。

夷夏天應共，羊城地獨靈。端陽登塔頂，應起望鄉情。

海珠寺

在大江中。相傳賈胡墜摩尼珠于海，化爲此石，其説甚怪。

中流砥柱差堪擬，滄海遺珠亦浪猜。隱約龍宫開棟宇，分明弱水限蓬萊。詩人錯詠金山寺，佛子惟登般若臺。來往莫愁風浪惡，禪林自有渡僧杯。

寶陀寺

在郡西靈洲上，洲在水中，郭璞云「南海之間，有衣冠之氣」，即其地也。昔東坡謫惠，嘗泊舟於此。一夜，夢僧授以麻糕，晨起餘香猶在齒頰。入寺，僧云：「今日德雲和尚誕日也，因設糕供養。」東坡遂感悟，爲詩有「前世德雲今我是」之句。

金鼇戴靈洲，遊戲人間世。千歲歸不得，遂成黄金地。前世德雲僧，今日東坡是。麻糕在齒頰，先後果一致。輪迴如未斷，努力第一諦。

番塔

在懷聖寺，高十六餘丈，無層級，其頂標一金雞，隨風而轉。

孤標信拔地，紫盖欲插天。初疑是鐵筆，細看如金蓮。八風吹不動，四海名相傳。不是番人塔，虛空有聖賢。

千佛塔

在淨慧寺中，即舍利塔也，郡人林修所建。高二十七丈，凡八稜九層云。

平地無梯到九層，世間惟有聖人能。千佛不知人不見，休將螢焰指爲燈。

悟性寺

在粵秀山下，學士黄諫構「借眠軒」。

寂寂維摩室，蕭蕭般若臺。山僧談學士，曾此借眠來。

法性寺

在郡城西，龜峰山南。

碧眼少林專面壁，西來意旨本無傳。翩翩隻履西歸去，留下桃花備問禪。

白雲寺

在白雲山。

白雲深處欸禪關，占盡人間第一閑。都道白雲堪作雨，白雲依舊罩青山。
我有白雲九龍水，一滴自濟還兼濟。珍重浮丘過我門，九龍遥指沖虚際。

華嚴寺

在郡北胥江。六祖於黄梅傳授衣鉢，相地創寺居於此。

衣鉢西來六葉傳，叢林宗旨尚紛然。只憑一勺曹溪水，佛已前知二百年。

靈化寺

在郡東扶胥口。昔休咎禪師夜憩南海廟，見鎮海將軍，曰：「乞此廟爲伽藍。」將軍曰：「天遣鎮此土，歲久烹宰，非可駐錫。」乃爲擇此地。師戒將軍毋作風波敗舟楫。詳見《志》。

休咎禪師乃至人，鎮海將軍本神道。至人神道却大争，咨爾修行胡草草。

蒲澗寺

在白雲山半。

古刹白雲顛，人從樹杪穿。江山真在眼，棟宇不知年。塔影連滄海，泉聲徹九天。紅塵飛不到，誰別少林禪。

景泰寺

在郡北雲峰之上。

勝處不在遠，雲峰載酒過。呼鸞笑劉鋹，避暑説秦佗。澗水調金石，山花賣綺羅。底須行世路，世路但風波。

玉臺寺

在新會圭峰。

天地無情歲月磨，玉臺寺裏玉臺歌。玉臺不是函關地，頗怪朝來紫氣多。

慈應寺

即大通正覺禪師院也，在郡西南。濱江有小川曰大通滘，松林竹浦，人跡罕至。

大川東下水茫茫，隔水松篁是上方。烟雨遠連滄海外，龍光直射斗牛傍。空中宴坐諸魔滅，天際浮杯一練長。誰把桃花源比並，落紅津畔引漁郎。

月溪寺

在碧虛觀下。

月溪何許訪禪和，聽得雲中第一歌。白玉黄金千佛寺，清風明月一頭陀。

南海雜詠卷之九

橋梁

文溪橋

在龍頭市楊都祠左，宋李昻英建。

絲管紛紛日欲斜，隔溪烟火萬人家。紅橋緑水依然是，不見當年李探花。

相思橋

在增城，崔清獻以禮部尚書歸老建。後人思之，因名。

記得登陴諭賊時，至今草木感恩私。恨殺橋成人已去，相思如對峴山碑。

越橋

詳見《遠華樓》。

一水通滄海，長虹跨碧川。往來多犢載，去住或漁船。百貨日中市，千金酒處捐。風前歌窈窕，月下舞嬋娟。烽火何年起，紛華一日遷。平鋪疑鵲翼，驅使借神鞭。風景依稀是，懽娱不似前。一間亭子裹，勝蹟有碑鐫。

南濠

在昔遠華樓下，限以閘門，與潮汐相上下，盖古西澳也。維舟于此，則無風波之虞云。

萬事傷心在目前司空曙，月光如水水如天趙嘏。春風掩映千門柳李郢，不見黄鸝見杜鵑陳剛中。捲簾羅綺艷仙桃薛逢，百粵風烟接巨鼇章碣。莎徑晚烟凝竹塢劉滄，鴈迷寒雨下空濠許渾。

南海雜詠卷之十

雜賦

劉氏銅像

在玄妙觀内。南漢劉鋹與其二子各範銅爲像，少不肖即殺冶工，凡再三乃成。

恩赦侯，蛇學龍。範金爲像，屢殺冶工。金人已去，翁仲無蹤。恨不如謝豹，羞愧若爲容。

桃竹杖

生蒲澗。葉如椶，身如竹。密節而實中，可作杖云。

生平稍就杜少陵，今日攜來羡門子。化作茅龍天上騎，膏火人間安用此。

荔枝

凡十七種。

火龍精幻出金丹，大如雞卵小粉團。色如十八學士醉後顔，味比細柳將軍烈不酸。佳名別號十七種，五月涼風滿樹殷。美人素手一擘破，恰如水晶落金盤。翻思一騎紅塵裏，七日涪州來禁地。楊妃半醉沉香亭，粲然一笑啓玉齒。梁侯稱柿張公梨，世間百果安及之。珍羞不及宗廟薦，至味徒爲凡口滋。盧橘楊梅三舍避，妖桃郁李翻見棄。根移瀛海豈側生，種向炎荒非得地。九齡一賦倡絶和，從此芳名遐邇播。子瞻平生知味人，南來日啖三百顆。賢才遭際自有時，請看嶺南荔枝果。

龍眼

其品在荔枝之次。

龍眼雖珍果，因多價却廉。著花明野圃，垂實暗閭閻。盛暑攢如蟻，秋風白鬬塩。清香騰玉軫，翠色上珠簾。具眼應多見，稱奴每好謙。益顔無限補，止渴有餘甜。女伴携籃摘，兒童斬竹拈。三朝留火焙，四海作珍瞻。盧橘中元冷，楊梅性本炎。中和惟爾羡，饕餮不渠厭。玉食時充貢，佳賓俎旋添。終身爲世用，厚味少人嫌。銜玉非求售，韜光亦解潛。紛華雜桃李，骨鯁畜箴砭。藥譜功當載，仙翁齒屢霑。陶門何必柳，千樹映茅簷。

茉莉

嶺南花品之最佳者。

茉莉窮花品，應居第一評。色如西子白，香賽馬牙清。艷骨元仙種，冰肌訝日精。鉛華盡捐棄，朴素得輕盈。望斷金閨曙，魂迷蛺蝶輕。鳥來應代語，風動只含情。當暑麗如妓，佳人摘滿籯。插頭無限好，薰茗有餘馨。性亦能蠲忿，功兼助養生。自憐生遠海，徒只播芳名。青錦何人賦？緋桃浪子稱。倚蘭從入操，絶意慕浮榮。

馬牙香

産茶園。

南國香株老，天人巧製成。馬牙形偶取，雞舌價同評。佳氣連三島，芳名動兩京。清香浮几席，餘馥襲簪纓。載去中華遍，傳來外國驚。始同樗櫟隱，晚濫廟堂榮。九廟珍尤甚，諸天□不輕。沉檀推獨步，膏火謝時情。事業同調鼎，僊風陋泛瀛。此爲知者道，難與俗人争。

方竹

粤山中間有之。

竹品類寔繁，方竹惟佹異。五十有餘種，戴凱之所志。根將蟠輪方，節以束針比。作舟未爲鉅，勝箭未爲細。何如粤山中，方竹拂雲起。四稜一直上，偏頗了不滯。廉隅色難犯，正直心絶忌。思昔我高皇，武樓晚登憇。咨詢治道餘，方竹啟玉齒。顧問臣詹同，偶獲獻上位。御手爲摩挲，親灑宸翰記。雲漢爛昭回，天葩構甚締。遂令植竹微，居然成偉器。裁爲七尺筇，靈壽未足擬。高皇棄羣臣，記藏天府秘。四海罔攸傳，空餘詞臣識。物遇亦有時，端爲方竹喟。

白鷳歌

宋幼主臨崩，御舟有一白鷳，哀鳴良久，奮擊躑躅，竟與籠俱墮海。水手義之，爲之歌云。

君不見瀘南秦吉了，餓死不首蠻夷丘。又不見唐家孫供奉，奮跳欲斷朱三喉。嗟爾白鷳急主難，委質翻配三忠儔。憶昔海黄霧四塞，天狗如雷墮東北。三辰鏖戰日無輝，伏屍百里海盡赤。六軍披靡可奈何，雲從飛龍赴碧波。白鷳籠中起躑躅，恨不握劍揮長戈。劒欲截斷參政首，戈欲钃絶宣尉脰。請回飛龍駕雲車，直抵中原揮一帚。皇天不祚趙孤兒，白日不照吾心悲。聳身直翅輕一躑，竟與金籠飽鯨鯢。烏乎白鵬乃羽族，報主之義何其篤！如何廁中拉脅奴，禽獸之心人面目。太倉飽士多如林，筭來何如豢此禽。羽衣縞裳奪霜雪，忠肝義膽鸞鳳音。只今茫茫海天角，魂逐三忠戲冥漠。千秋化作精衛翔，悲鳴直待滄溟涸。

石龜

在龍頭半浦。龜燥則晴，濕則雨。鄉人立于社，以驗兆興作農事。

石龜來何許，立社尸而祝。燥濕兆雨暘，不假巫咸卜。

銅鼓短歌

按裴氏《廣記》云：俚獠鑄銅爲鼓，面闊五尺餘。今南海廟、天妃廟皆有之。

銅鼓之形如樸滿，銅鼓之聲響春雷。舊聞俚獠鑄爲此，蝦蟆十二棲周回。又聞小兒見蛙怪，蠻酋荒塚中悲啼。陰風晝雨作光怪，乘濤鼓浪天昏迷。鎮海將軍聞之怒，叱令小鬼爲護持。海不揚波在今日，坐見萬國來航梯。

舍利子

在資福寺，乃東坡所施。狀如覆盂，圓徑五寸，外密中疏。舍利生其中無筭。昔惠有戴者，東坡以犀帶易之，□以白璧，施之僧焉。

妙明屬本來，舍利竟何物？功過了不知，終然是枯骨。

菩提樹

在光孝寺。天監初，僧智藥自西竺持之航海而來，植于戒壇之前。

紫盖紛天花，瓊枝需法雨。如窮真實際，菩提也無樹。

菠蘿蜜果

今南海東西廟皆有之，其大如瓠。

南海廟前菠蘿蜜，靈根元自西域持。扶疏聳拔如青盖，結爲碩果何纍纍。金刀剖之索蜜漬，一片入口沉疴離。我聞楚王渡江得萍實，剖而食之甜如蜜。當初不是兒童謡，孔子縱聖焉能識。波羅雖珍誰汝嘉，年年結果不開花。想當移來天上槎，曾否見識於張華。波羅蜜，波羅蠻，伊誰作貢獻皇家。

屈眴布

在光孝寺，所織之紋，顔色至今不變。

屈眴火浣乃何布？千載色紋麗如故。火之不灰水不濕，驚怪人間幾愚婦。君不見粱冀帨巾郁足珍，赤山石絨竟何補。

靈鐘

在香山普陀菴。宋咸淳間初建庵，忽静夜聞前濠潭鐘聲。旦有漁人報，夜見有石大放光。衆往視，見一鐘耳出露，將欲舁歸。忽天半有聲，鐘自飛入。

寶氣動光怪，往往漁人見。好把飛來鐘，挂在飛來殿。

鐵柱

凡十二，乃南漢乾和殿所鑄物也。今存六柱。

乾和殿中黄金柱，天陰雨濕魅鬼語。一朝霸業[一]

大硯（存目）

玉簡[二]

玄圭兮禹錫，金簡兮帝賜。彼玉簡兮奚自？南海神廟兮百世是祀。

玉硯

藍田之産兮，昆岡之出兮。銅雀之妃兮，龍尾之匹兮。

花節婦辭（存目）

〔一〕「一朝霸業」以下原缺。

〔二〕「玉簡」、「玉硯」兩首，底本原缺，兹據郭棐《嶺海名勝記》卷十所輯録補（郭棐編輯、王元林校注：《嶺海名勝記校註》，西安：三秦出版社，2012年，第392—393頁）。

題南海雜詠後

古今文人，皆擅其一長而或不能無破病，能兼而美者僅八九人耳。此作高視闊步，掩古轢今，直欲合而有之。譬如梁淮堰之決，氣勢雄怒，奔迸四出，聲震數百里外。嗚呼，壯哉！予讀是，有以窺其志之大、識之卓、學之富，不知其少作也。前輩有踰冠應書京師，聲望藹然，老儒宿學不及者，吾非吾子之望而誰望邪？成化己亥孟冬之望，廣東左布政（後缺）〔一〕

〔一〕成化十五年己亥，廣東左布政使爲彭韶。

跋南海雜詠

予來宦東廣，幸遇吾年友東所先生養痾林下，得常常請見，講學論心，咨詢時政，麗澤之裨益多矣。屢承見示近作詩文，莫不粹然典雅、淵然深長、悠然興趣，皆有關於人心世道，不徒言也。蓋先生之學，得之其師白沙先生，義理既精，涵養又至，故發爲文辭，流出肺腑，所謂「有本者如是」也。近又得觀其《南海雜詠》一編，乃蚤年所作，時尚未從白沙遊也。而其性情之正、識趣之高已如此。乃知先生天賦夙成，特取正於白沙，而造詣益深耳。噫！白沙先生鳴道東南，其吟詠性情，妙絶一世，蓋兼淵明、康節而有之。東所先生繼之，又能酷類其師，猗歟盛哉！弘治十八年歲在乙丑冬十月既望，廣東布政司左參政慈谿王綸汝言書。

跋南海雜詠

大丈夫生于斯世，于凡天地之運化，日月之盈虛，山川之流峙，以至草木禽魚之生生化化，觸之于目，感之于中，其□蓋有不可言喻而躍然者。況□塵跡，或興或廢，或亡或存，有不因感而寓諸言者邪？觀《南海雜詠》詩，可以知其人之所寓矣。予不敏，於化□顧未洞其旨趣，餘烏敢知？弘治乙丑歲十月，洞易山人馮夔跋于東廣臬司。

跋南海雜詠後

右《南海雜詠》一編，乃我東所先生蚤年所著之書也。吾莆大司寇彭惠安公從吾爲東廣左方伯時，讀而異之，遂以明道德業相期待，不但歆慕其奇才而已也。見公所爲跋者，迨今二十有七年矣。其後先生從白沙先生遊，得洙泗濂洛不傳之學，爲世名儒，而世之人於是乎信先生爲有志，而服彭公鑒識之卓也。有年在先生門下，每聞之先生云：「愚聞之師曰：『論詩當論性情，論性情當論風韻。無風韻則無詩矣。』是故詩家法度可學也，風韻人人殊，不可學也。其至者，超然寄情於興象之間，悠然得趣於言意之表，此盖由涵養而至，弗容以力求也。孟子曰：『生則惡可已也。惡可已，則不知足之蹈之，手之舞之。』此之謂也。」然則讀先生之詩者，苟能以是求焉，則於先生之性情，庶乎有以得之與！　弘治十八年歲在乙丑秋九月菊節，東莞縣儒學教諭門生林有年謹書。

跋南海雜詠後

新會尹羅君維升遺余以近刻東所張先生所著《厓山新志》，覽其引用書目，廼知先生有《南海雜詠》之作，幾欲見而未之得也。弘治甲子秋，適予執廣東塲屋彌封事，過羊城，拜求覽焉。先生不外，出以示之。因請歸録，爰捐俸刻之梓，併贅數語于篇末，庶讀者知是書刻之之所自云。弘治乙丑季秋之吉，知四會縣事懷集袁賓謹書。

東所先生文集

東所先生文集序

東所張先生文集十有三卷，乃代巡友山蕭公畀學憲來溪張公校定梓行於世者也。先生諱詡，字廷實，世家番禺。登進士，養高林泉者六年。部檄起之，乃受户部主事，復謝病歸隱。闢所居爲小西湖，築看竹亭。閉户天游終日，默然自得，屢薦不起。佐爲諸生時，嘗奉郡侯命往徵文，獲旅見焉。時傳聞前星已耀，先生獨向佐，謂曰：「昔張子厚聞皇子生便喜，見餓莩食便不美。子素穎悟，試言其繇。」佐對曰：「横渠學在《西銘》，德性所發，寔能踐之。是心也，憂以天下，樂以天下。」先生欣然曰：「得之矣。」自是佐廼知聖學必自性其情始。及領鄉書，後罹先考艱，遂不復見。先生會以薦起，擢南京通政司參議。往，即上疏辭歸，遂考終於家矣。先生天資峭直，人有不韙，輒擯斥之，或以爲過於剛；當路詣廬致禮，未嘗報謁，或以爲過於静；接見親賓，嚴威儼恪，語少涉私，不復與言，或以爲過於慎；其再起也，奏繳照會，徑返初服，或以爲過於高。然嘗讀羅一峰《剛峰記》，而見其不墮於柔；讀章楓山《與徐方伯書》，而見其不謁公府；觀陳剩夫《心學圖》，而見其不忘敬畏；誦莊定山《直沽詩》，而見其隱居復出。四子者，皆賢傑也。先生之行寔兼之，而出處尤無可議，則是集也真傳世之文哉！當白沙倡道東南，先生首往從游，或又以爲吟風弄月，尋樂於黄雲紫水間，非知先生者也。聖人之道，知而後好，好而後樂，豈容頓至哉？德之未脩，則相與講學，徙義改過，行必求慊於心，故曰樂則行之，憂則違之，既立乎其大，言行相顧，而猶謹信恒如弟子之時；操存惟恐緩懈，則邪妄乘之，故曰庸言之信，庸行之謹，閑邪存其誠，德進業脩，藏而後發。是故居上位而不驕，在下位而不憂，日見之行，無往非樂矣。此人之所以詣乎天者也。仲尼之樂得諸發憤而忘憂者，其在兹邪？故曰聖人之道，乾道也。先生蓋深知之。故其所著《白沙遺言纂要》，論道則首曰「夫道以天爲至」，論學則首曰「無所事乎畏，則怠而入於忘」，確哉言乎！必先有事乎此，而後所謂「舞雩三三兩兩，正在勿忘勿助之間」者，可以漸至而深得也。是故德非剛不立，學非静不成，行非潔不高，而主於敬畏則一以貫之矣。世之譊譊尋樂者，棄下學而圖上達，喜後獲而惡先難，稽之集中，皆無是也。然則先生所以傳世者，又豈徒文而已哉？先是，少司徒三峰高公公韶爲侍御時，代巡吾廣，下車首訪白沙，爲立特祠置田供祭，與先生往來最厚，其再起則三峰之薦也。佐董學廣右，得備同僚，每晤言猶拳拳鄉慕不忘。蕭公名世延，與高公皆内江人，先後一心信道惟篤。然則倡自東南者，其在西蜀矣乎！佐不佞，嘗侍先生，默自得師，畀有言焉，不敢辭也，於是乎序。嘉靖辛亥秋九月望日，賜進士出身中順大夫詹事府少詹事兼翰林院侍讀學士前南京國子祭酒經筵講官兼脩國史玉牒海隅後學黄佐譔。

刻東所先生文集序

東所張先生爲白沙先生門人，在武廟時以理學名於海内。海内之士至今慕先生之爲人，而以不見其文爲念。嘉靖庚戌，侍御友山蕭公來按嶺南，首進先生二子，索先生遺稿數帙，屬予校之。予繙閱全稿，得奏疏僅三篇，詩文甚約，然皆可傳，具存之；如集中其酬應簡札，專取其辨答問學者，存之。校成，彙爲十三卷。請於友山公，題曰《東所先生文集》。嗟乎！先生之文傳於世自今日始，而海内之士繇今日獲見先生之文矣。先儒曰：「文者，載道之器也。」夫文以載道，則其必傳於世而人必欲見之也，固宜。類有古先碩儒之文，於道多所發明，其存日未有傳之者，或以門人弟子記之不詳，或散逸殘缺幾於湮没，迨其後或數十年、或至百年，遭遇知己購求甄録以傳於世，則人皆以獲見有道之言爲喜。譬之良玉在山，白虹青氣，非衆人之所易識，遇有知者求而得之，則四海之人孰無喜見之懷也？世之末學道而先爲文、未爲文而傳世之望先横於胸臆者，按秦漢考本以附會塗局，執晉魏遺編以竊取聲響，出入儒禪之間，擿摭名法之流，則弘博高古之譽翕然歸之，其人若此，奚有於文？又奚有於傳？予嘗爲之説曰：「道之顯晦，不係於文。文離於道，其禍斯長。因文見道，非工於辭。模擬牽附，其人愈下。」先生之文，澄蕩俗慮，一字一語，本於心得，其志以著明道術爲先務。如序《白沙遺言》，深辨真僞之儒；贈林以永，究析似是而非之學；記尊經閣，以學者溺意筌蹄爲深憂。其言既幾於道，而正大沖粹之體又自成一家，詩亦類是。先生之文，是可以不傳乎？約而言之，先生之學盡得之白沙。致謹於取舍進退者，其平生大節在是。養痾西湖十餘年，一介不取於人，强出而輒退。時在武廟，有疑先生學不切於救時者，又疑爲鶩名飾節以遺落世務爲學。迨先生歸第甫旬日即不起，然後進退之節昭然於時。夫取舍進退不失其正，在孔門諸賢未必盡如顔子，先生守之，宜其文不離於道，雖身後必傳也。噫！先生逝數十年矣，二子且老，遺稿脱漏過半矣。若復遲數年，先生之文已矣。兹遇友山公甄録以傳，知先生者公哉！公且讓曰：「非予意也，予鄉先生三峰高公舊按是邦，知先生最深，屬予購其遺文云。」則凡海内之士由今獲見先生之文者，宜並知所自矣。賜進士出身中順大夫奉勑督視學政廣東按察副使前禮部祠祭郎中南昌張希舉書。

東所先生文集卷之一

奏疏

辭免起用兼乞養病疏

丁憂起復户部陝西清吏司主事臣張詡謹奏，爲陳情乞恩辭免起用事。臣見年四十七歲，原籍廣東廣州府番禺縣人，由成化二十年進士，弘治二年欽除前職。弘治五年二月二十四日，聞父喪回籍守制。弘治七年五月二十四日服滿，例該赴部。起程間，臣因風患内傷，又中時氣，寒熱等病症一向調治未痊。弘治十四年十月内，本布政司移文府縣，内開奉吏部勘合一件起用賢才事。該巡按廣東監察御史費鎧具本薦臣學問優長，操履端慎，及以道義自重，詩書自娱，乞起取臣赴京銓補相應員缺等，因奏。奉聖旨：「吏部知道。」該本部看得費鎧所奏，與本部所訪大略相同，題奉欽依取臣聽用。有司承行文書，即時催臣就道。臣時卧病丘園，聞檄驚惕，莫知所由。徐而思之，此誠執銓選大臣仰體皇上求賢圖治不遺葑菲之盛心也。顧臣一介疏遠，至卑至愚，曷足以仰副天衷？臣聞君臣大義無所逃於天地之間也，故食土之毛，皆稱王臣。況臣一家父子兄弟皆由進士或鄉貢起身，任知府、郎中、同知職事，先祖父祖母、先伯父伯母、先母、堂嫂，皆蒙恩封贈主事、安人官號。臣又以部屬依日月之末光，其受恩思報，比之山林隱逸，萬萬不同也。臣又聞學以聖賢爲宗，聖賢以孔孟爲宗。孔孟之在當時也，汲汲皇皇以救時行道爲心，以離人絶俗爲戒。今之學者雖無孔孟道德之萬一，而操心立行，誠不可失孔孟立教之本意而負朝廷作養之深恩也。故臣自幼讀書，即懷用世之志，奈何以駑下之姿，學最上之事，力雖專而功弗就，徒以章句之陋，幸見録於有司；襪線之才，過蒙擢於部屬。犬馬補報之心雖切，疾疢憂患之來半之。緣臣胎稟素弱，自結髮即感内傷之症。故自幼至壯，自壯至今，外之狀貌雖若壯浪，内之精神實多虧損，遇慾既不能謹其節，求醫復不幸失其真，歲月侵尋，馴至不可救藥，皆其自取也。所冀死中求活，害處生恩，專静以怡神，内視以固本，所以居常少接人事，慶吊或至不通，誦讀不敢吾伊，惟事默識。出入不能徒步，須假肩輿。年未半百，目昏齒摇，僂然如一翁也。臣先年中進士、辦事吏部之時，已蒙奏准回原籍養病六年。及今守制服滿，前病復作，又調理七年。所有原領勘合一道收貯在家，近日方繳。前此，臣愚意以爲病愈即攜之以赴京也。由是觀之，臣豈有高蹈達引之跡、長往不返之心哉？不期因病棲遲，人共傳以爲隱；杜門不出，人輒談以爲高。承虚接響，遂至誤稱有道義自重、才學可用，徒見其外而不究其内，每泥其迹而不察其心，而不知其大不然也。臣嘗以是負愧焉。雖然，古人在畎畝，一飯不敢忘君，蓋天經地義之在人心，亘古今而不可磨滅者也。臣之孤踪雖則處乎遐荒，而神魂實則懸乎魏闕。芹曝之心，誠不能以伏枕飲藥而一日少廢。但心欲往而身不進，志思奮而病復纏。鉛刀恨未試於一割，敝帚徒自惜於千金。恥明時之有孤，悲歲月之虛度。坐井守株，大非得已。伏望聖明體臣累世受恩之深，察臣始終思報之意，憐臣久病欲起未能之悰，乞勑該部准臣在家養病，待痊可之日，容臣自行赴部聽用，以圖報於萬一。免勞部書下趣，以重虛名，庶幾緣臣以警欺世盜名之人，杜終南捷徑之弊，以爲爲人臣而忘恩以圖私便者之戒。其於名教亦或小補，臣無任感恩激切懇祈之至。爲此具本奏聞，伏候勑旨。

陳情乞恩休致疏

户部陝西清吏司養病主事臣張詡謹奏，爲陳情乞恩休致事。臣見年五十七歲，由進士欽除前職。弘治五年二月十四日，聞父喪回籍守制。服滿，因患病不能赴部聽用。歲久，曩因巡按廣東監察御史費鎧具本薦臣可用，該吏部勘合行催赴部。臣時自揣聲譽過情，兼以久病猝未能脱體，即具本辭免兼乞養病，隨即將原領孝字勘合一道，赴有司告繳。自是以來，專一在家閉門調治夙疾。續該臣遵奉勘合，援引衰病事例求致仕。有司見臣年貌不相應，又係曾經薦舉起用人員，不敢准理，催臣赴部。臣竊思之，當臣辭免起用姑令養病之時，尚冀病有愈日，區區犬馬之力或可展也。今則十有一年矣，志與年頹，病隨日長，雖欲旅進旅退竊禄於郎署之間，豈復能哉？且心腹之病發作無時，有非外人所能知者。萬一僨事與夫死於道路，其爲名教之玷、縉紳之耻亦甚矣。臣不足惜也，獨不念貽我國家士風累乎？臣欲照衰老例致仕，則有司不爲准理。前臣謂進退狼狽，今又於臣身見之矣。仰惟聖明大憝掃除之後，群賢彙進，凡治具一遵祖宗之舊，真可謂大有爲之君，稀闊難逢之盛世也。苟抱寸長、占一藝者，孰不願峨冠束帶立於治朝哉？顧臣獨甘爲退避者，豈敢效古沮溺之爲也？蓋亦真情自有弗得已者。先儒論出處，如人飲水，冷暖自知。故漆雕開之未信，雖聖師不能强之仕；錢若水之早休，在英君不以爲不忠良。以士志士風之作否，世道之隆替繫焉。伏望陛下恢天地之量，廓日月之明，曲成庶彙，俾萬物各得其所。乞勅該部，准臣以禮致仕，使臣得以老死牖下，則臣之殘生志願畢矣。雖然，臣豈恝然於君父哉？尚當於食息之餘，稽古徵今，作爲詩頌，與一二黄童白叟，歌帝力於不知不識之天，敦行廉耻節誼，以爲鄉後學倡，此則疏遠微臣報陛下一縷芹曝之血誠也。惟陛下特賜俞焉，臣不勝惶怖迫切之情。爲此具本奏聞，伏候勅旨。

辭免南京通政司右參議疏

户部陝西清吏司養病主事臣張詡謹奏，爲陳情辭免新命兼乞以原職致仕事。臣由進士除授前職。弘治五年丁父憂，守制服滿，因患病不能赴部聽用，蒙吏部勘合起取，隨具本辭免兼乞養病。正德三年八月内，奉勘合爲給假事行令爲民。正德五年十二月内，奉詔書復原職。續蒙勘合查勘，年力未衰、别無違礙者，具結起送；如有老疾不堪任用者，仍與原職致仕。臣即援例奏乞致仕，奉聖旨：「吏部知道。」該本部看得本官係是行取起用人數，難准休致類，行本布政司查照先今事理、催促赴部聽用間，續蒙吏部疏名奏請，遇有相應員缺選用。正德九年四月二十五日，舍人施賢齎捧吏部照會到臣。伏蒙聖恩，陞臣南京通政使司右參議。臣聞命自天，驚悚慚惶，寔不知所以自處也。除望闕謝恩外，隨即力疾於本年五月二十二日兼程前赴南京。臣惟南京，我國家根本重地；而通政司，古納言之官也，朝廷用以待近侍年勞功績之著者。顧臣何人，謬膺斯任。伏念臣疏遠草茅，碌碌庸劣，久處閑散之地，一旦荷汪濊之恩，待以不次，畀以清崇之階，使臣自擇，殆不是過。惜乎臣窮命淺福，夙抱疾疢。是以遺榮就晦，棄禄甘貧，閉門養痾，人事殆廢，今且二十餘年矣。實德本無而虚譽妄播。臣欲思在家據實奏辭，誠恐天下後學不察，緣臣争務退藏以爲清高，臣萬死不足以塞責，矧臣處臣微之地，兼有世臣之義者也。是以扶羸策蹇，不辭數千里跋涉之勞，以達于京邸，瞻望祖闕，恭謁孝陵。臣平生區區螻蟻寸誠，至是亦少舒矣。臣之爲此者，正所以急趨君命、仰答天休，思所以爲天下後學忠敬勸故也。至於據古「陳力就列，不能者止」之義，臣輒敢有所控陳焉。臣犬馬齒已屆六旬，頃因多病，目力昏花，應酬稍過，即精神昏瞶，前後健忘。雖居以是職，無所建明，終不免苟禄，必馴至僨事喪節。臣不足惜也，臣懼天下有議及朝廷用人之失者矣。故臣再三思惟，僨事喪節，孰與引身退避？此臣所以懇懇昧死上陳也。臣又思之，臣今主事之職，係臣由科目進銓部循例請授者也。至于今職，則不同矣，蓋銓部因臺諫及巡撫官交章論薦，查實推舉，朝廷又因銓部推舉而擢之者也。臣既不能勝此任矣，則此官義不合受。是以臣雖拜恩奔命，而職銜服色等項仍守原職之舊。若夫銀臺清秩鏤帶鵰袍，臣非草木，豈不知其爲榮且貴也？然而絶不敢改爲者，誠以臣無功而虚受爵位，以致朝廷名器之輕，此臣又思所以爲天下後學廉耻勵故也。微臣一縷血誠，求所以報陛下至此，蓋不知所以用其力矣。臣又思，臣係二十年林下外臣，與在位遷轉者不同。臣若在彼候旨，不惟日久非衰病者所難堪，而踪跡涉於盤桓希冀，亦不免如前貽議朝廷者矣。是以起程之日，一面具本陳情，待至京告繳照會，即買舟徑回原籍，尋醫調治夙病。伏望聖明天包日照，曲成微臣末路小節。乞勑該部准臣以主事原職致仕，收回成命，另選賢能，以充斯任，庶幾陋儒出處不致陷於貪冒，丘園之義或小補於明時。臣北望天庭，啣環無路，無任感恩負愧。爲此具本奏聞，伏候勑旨。

東所先生文集卷之二

序

皇明名臣琬琰録序

皇明啟運百三十年於此矣，所以興王致治而措斯世於隆古之盛者，固由我祖宗列聖以聖繼聖而致然。然而亦有賴於一二元勳碩輔、賢人君子相與左右而弼成之也。自洪武至弘治，其間人材拔茅連茹而起，蔚爲一代名臣者，不可勝數。是故開國靖難之勳，制禮作樂之具，化民成俗之績，救世華國之文，載在國史，散之四方志及諸名臣家乘，天下人所欲一一見之而不可得焉者也。廣東按察司僉事晉陵徐君朝文，自爲諸生時，即有志於采輯。及登第官法曹，公餘，遍訪之諸名臣後或士大夫藏書家，得一碑、一銘、一狀、一傳之類，輒手自抄録。積二十餘年，而我朝諸名臣之事蹟，視前此之爲贊、爲言行録者，搜羅幾無遺矣。録成，釐爲若干卷，計幾百幾十有幾人焉。其嗣得之者，則別爲續録以盡之，名曰《皇明名臣琬琰録》云。夫琬圭以治德，琰圭以易行。琬琰云者，甚貴美之之辭者也。昔人嘗有爲此者矣，而文公晦菴先生復有《名臣言行録》焉。君不欲顯然自附於古之名儒之著述，而若姑爲後之秉筆削之任者張本云爾。刻成，俾詡序之。詡未暇以爲也。未幾，君入覲去，繼聞有雲南憲副之擢。懼爽宿約，乃嘆曰：「嗟乎！人材之成匪一途也。究其歸，不越乎造成人、爲辭命二者而已矣。昔孔子之論成人，曰：『若臧武仲之智，公綽之不欲，卞莊子之勇，冉求之藝，文之以禮樂，亦可以爲成人矣。』至論辭命，則曰：『爲命，裨諶草創之，世叔討論之，行人子羽修飾之，東里子產潤色之。』夫成人必兼四子之長，而辭命必更四賢之手，則人材之成就、文章之鳴世，豈易易也哉？」若諸名臣之造成人、爲辭命，如孔子之云者，何彬彬也？其他得一體亦足以名世矣，況具體乎？故曰「不成章不達」，是已。後之覽斯録者，豈無興起而思齊焉者乎？取其長去其短，駸駸乎又必進而如聖人之踐形盡性焉、吐辭爲經焉。詡固弗敢厚誣天下以爲無其人也。相率出以翊我皇明億萬年之景運，使有隆而無替焉，而諸賢亦有無窮之聞矣。傳曰：「舜何人也？予何人也？有爲者亦若是。」詡誠無似，所願與天下有志胥擇而共勉之者也。《詩》云：「思皇多士，生此王國。」臣詡不佞，敢竊附堯人擊壤之義，敬以是爲我皇明作人頌焉。

厓山新志序

厓山在廣之新會邑南八十里，與奇石山對峙如門，故又名曰厓門。山環以大海，潮汐升降吞吐由之。在昔樵蘇登眺者之絶至，恣蛇虺麋鹿所宫者，蓋不知其幾千百年矣。自宋祥興，幼帝浮海，始創行宫其上，而楊太后與夫文天祥諸臣，鏖戰死節之始末，皆在焉。嘅夫六飛赴海、大風覆舟之後，貞烈忠憤之氣鬱而弗伸者又二百餘年於此矣。至我國朝始表章焉。成化丙申，邑人白沙陳公甫先生與僉事鬱林陶君自强，議上請創大忠祠以祀文天祥、陸秀夫、張世傑三公。又十有六年，爲弘治辛亥，同今兵部尚書華容劉公時雍，時爲右布政使，泛舟厓門，議創慈元廟以祀楊太后。又九年，爲庚申，與僉事晉陵徐君朝文議請入祀典，制曰「可」。特賜廟額爲「全節」，祭品視古先聖帝王，而祀之之期則先大忠一日也。於是乎兩厓巨浸之間，英魂義魄貞烈忠憤之氣，勃然與雲厓争高、鯨波争濬、海月山日争耀於無窮，而香火四時弗絶。有司歲仲春率一至，牲牢、酒醴、俎豆、玉帛祼然前陳；往來部使暨騷人墨客，往往有登臨吊酹，播諸長篇短章，不一而足者矣。徐君一日顧謂詡曰：「厓山宜志而未有志之者，蓋闕典也。先生盍留意焉？」詡謝不敏，而君意益固。伏枕之餘，因與門徒博采群載，凡事關厓山者，次第編輯。首沿革，次形勝，次里域，次景致，次帝紀，次詔勅，次事蹟，次列傳，次祠宇，次祀典，次碑文，次題詠，次紀異，次雜著，次題名，悉筆之，所以寓褒也。其胡元張弘範、白佐之徒，列傳及刻石紀功之作，悉削之，所以寓貶也。編輯既成，名曰《厓山新志》，凡十有八卷云。嗟乎！世之治亂，國之興亡，雖曰有數，然未嘗不由於人事之修廢有以召之也。姑以有宋一代論之，使當時君臣，有古帝王之學以修其身，則出治有本，決不至於議論多而成功少矣；有古帝王政教以新天下，則治具畢張，決不至於聲容盛而武備衰矣，何播遷之有乎？不幸而至於南渡，苟斷斷乎以興復爲務，而勸講和者必誅，忠藎如李、如岳，必任之而勿貳；奸佞如秦、如賈，必去之而勿疑，則中原決可復而大讎決可雪矣，何敗亡之有乎？《詩》云：「迨天之未陰雨，徹彼桑土，綢繆牖户。今此下民〔二〕，或敢侮予？」則宋之失於南渡之先者，既可嘅矣。孟子曰：「七年之病，求三年之艾，苟爲不蓄〔三〕，終身不得。」則宋之失於南渡之後者，尤可痛也。烏乎！此《志》之所以作也，夫豈但爲爲人臣妾者忠節之勸而已哉？夫豈但爲爲人臣妾者忠節之勸而已哉？

〔二〕此，《毛詩·豳風·鴟鴞》作「女」。

〔三〕蓄，《孟子·離婁上》作「畜」。

忠義録序

今宫保元戎毛公録其祖贈伏羌侯謚武勇公薨後所得御製暨傳、銘諸作，彙爲前後二集，凡二十卷，刻而傳之，題曰《忠義》，蓋純皇帝玉音也。弘治癸亥之夏，元戎班師自海外而還也，詡時卧病丘園，跬步不出，元戎特枉顧之，一見如故焉，間以録序見屬。按傳：武勇公自結髮建功，至授節鉞專征伐，幾六十年矣。前後死戰，指無慮數十詘，而所向悉披靡。固源之役也，武勇公首誦伏波死國事之言以自決，而卒不食其言焉。從子海、孫鎧赴救，亦皆死之。武勇公之死也，復能以英魂助戰，卒梟其大憝焉。其英烈如此，所以來純皇忠義之褒、武勇之謚。續綽楔創祠於甘州，亦以褒謚名之。而公卿賢士大夫或傳、或記、或銘、或贊，不一而足，亦多發明褒謚之義，夫豈偶然而得之者哉？昔卞壼死於蘇峻之難也，而二子死之，當時惟眕母哭之，有「父爲忠臣，汝爲孝子，夫何恨」之言。王彦章之死於中都之難也，而二子亦死之，後惟歐陽子以全節歸焉。武勇公一門忠義，視卞、王二家，蓋異世而同符者也；獨其死生受知明主、見重當時，視卞、王二公所遭則遠矣，矧有賢孫如元戎者，兼資文武，所在清儉化俗，而又能禮賢下士，卓然古名將之風。比者，瓊南黎賊蠭起，元戎曰：「吾不親蒞，大難不解。」遂櫛風沐雨於鯨波瘴嶺之間，而忘其爲險，不數月而奏膚公，君子謂其有祖風焉。是又皆武勇公〔一〕積慶之餘，其視卞、王二公後裔寂寥無聞者，則又遠矣。録而傳之，爲天下後世道也，固宜。《詩》云：「進厥虎臣，闞如虓虎。」其武勇公父子祖孫之懿功。又云：「肇敏戎公，用錫爾祉。」臣詡敢追頌純皇之盛德。又云：「無念爾祖，聿修厥德。」惟元戎與嗣人圖之。又云：「視民不恌，君子是則是傚。」而凡食人之食者，亦皆知所勵焉，可也。

論孟或問序

《論孟或問》，世多聞其名而未獲覩其書，乃今出於數百年之後，與《大學中庸或問》並行於世，使學者有所考據，得以益廣其知識、開其聰明而爲斯道之裨也。是書之出也，詡固竊爲天下後世喜也。雖然，「予欲無言」，孔子嘗以是爲子貢啟也，故曰：「天何言哉？四時行焉，百物生焉，天何言哉？」「盡信書，不如無書」，孟子嘗有所感也，故曰：「吾於武成，取二三策而已矣。」〔二〕夫誨人不倦，聖人之心而欲無言；六經萬世所尊，而孟子猶有所擇。自古聖賢指之的，

〔一〕武勇公，原作「武公勇」，據上下文意改。
〔二〕策，原作「册」，據《孟子·盡心下》改。

擇之精，不狥跡而任真，不貴耳而賤目也。如是，使學者深悟而自得焉，則《論》、《孟》本具胸中，雖無《論》、《孟》可也，況《或問》乎？不然，溺意筌蹄，留神糟粕，吾恐認浮雲而迷太虛、知識多而大智昏、聰明作而太樸散，卒爲斯道之障也。是書之出也，詡又竊爲天下後世憂也。先儒著述之富，未有如文公先生者，蓋當時欲矯陸學之偏故耳。在文公則然，在我學者不可以不之覺也。御史君某近得善本，將刻而傳之。夫流布賢傳，以上翼六經、下惠來學，甚盛舉也。間屬詡一言，且語之曰：「是書得尹、楊諸老全書撮其語分註于辨疑之下，尤爲明備耳。今姑刻之，以竢後之成人之美者補焉。」於戲！聖賢隱没，正道將沉，凡聲利得喪足以敗道而喪心者，其爲迷也顯，人猶知之；至於溺意相逐影響，其爲迷也微，而覺者鮮矣。詡誠無似，因御史君間屬，僭一言之，不敢不置不腆之辭於先賢著述之末，而因之以罄其一得之愚焉。蓋足音之喜，固不勝其杞人之憂也。

周禮重言重意互註序

先儒謂《周禮》一書，自周公廣大心中流出，大包宇宙，細析毫芒，成一代之治體，爲萬世之準繩。故當時治效，至於囹圄空虚，天下太平，海不揚波，四夷賓服。烏乎！盛矣。後世之爲君臣者，心學既失，徒弊精神於儀文度數之末，若類稚子弄影之爲者，不幾於戲乎？故跡其治效，高者或僅致小康，下者視桓文爲不及，又焉有所謂「郁郁乎文」者也？何也？心非廣大，則於天地之心爲不合矣；於天地之心爲不合，則於天地之用爲不肖矣。況乎明良相逢尤不易也。唐太宗深信矣，而無其輔；王通篤好矣，而無其時；劉歆有志矣，而昧於所事；宋神宗刻意矣，而失於所任；彼宇文之於蘇綽似矣，而方以裔夷猾夏。若是者，雖其人品高下相去敻絶，然所謂心學或不能知，或知而不能擴充以至於周公之廣大，無怪乎三代之治寂寥數千載而莫有繼之者，非三代之治卒不可復也，無三代之君臣故也；非不可以爲三代之君臣也，無三代之心學故也。《中庸》曰：「文武之政，布在方策，其人存則其政舉，其人亡則其政息。」程子曰：「必有《關雎》、《麟趾》之意，然後可以行《周官》之法度。」此之謂也。詡少時閲書目，有所謂《周禮句解》者、《集傳》者、《註疏》者，又有所謂《纂圖》、《釋文》、《或問》、《講義》、《詳解》、《要義》、《解義》、《攷工》、《總義》、《訂義》、《會元》、《復古》者。所謂《句解》、《集傳》、《註疏》，則見之；所謂《纂圖》以下，則聞其名；至於《重言重意互註》，則其名亦未之聞也。侍御上虞尹公德容，蚤歲留心禮學，遂以是經取高第、歷顯官，持重而居寬，蓋有得於禮意者。以奉命清兩廣戎政，偶得是書於西藩士人家，喜其考究之精、援引之當，於聖經有所裨也，携至東藩，出視廣郡守袁君景輝，俾刻而傳焉。屬詡爲之序。方今聖治百二十餘年，正符魯兩生所謂「積德」之説，傳心學而契周公之廣大，世豈無其人？於焉光輔聖人制禮作樂，以追繼成周之盛。斯時也，公當攄其平日所得禮意者，逐諸賢贊至化，而是書蓋不可後矣。詡也卧病丘園，深愧無可爲世用者，儻天錫以犬馬餘年，雖無似，尚能擊壤以歌太平之盛。

東坡三體詩集序

夫爲政莫先於教化，教化莫先於尊禮名德、表章先賢，以爲其民趨嚮之導。若式商容之閭、封比干之墓，雖古之聖帝明王，且不能外是以爲治也，況其下者乎？東漢去古未遠，爲長吏者，如陳蕃未下車，首謁徐孺；任延甫視篆，先遣饋祀延陵季子。當時，人心正、風俗美、訟牒簡、盜賊息，有由然也。世衰道降，俗吏往往役志於簿書期會之間，上下督責趨赴以爲殿最，視教化爲迂闊事，至唾去而弗顧，於是乎新民遺教蕩然矣，又何怪乎人心日偷，風俗日薄，訟牒繁而盜賊興，遂至於不可遏絶也與？譬之久病之人，顧毉者不求致病之源而妄投攻病之劑，本病未除而藥病增矣，可勝慨哉！東坡先生蘇文忠公，有宋一代之名賢也，文章有全集，氣節載信史，天下後世家傳而人誦之久矣。公在紹聖初，坐侍御史虞策誣奏；元祐，作誥詞涉譏訕，責授寧遠軍節度副使，惠州安置。公之至惠也，始寓居合江樓，繼遷嘉祐寺，繼遷白鶴新居。後人因即新居之地祠而祀之，今白鶴峰祠是也。在惠凡四年，雖謫宦、羈旅、流離、患難，種種人情所不堪者，而公處之泊如，視天地爲逆旅、得喪如夢幻。公自謂「生不挈家，死不扶柩」者，蓋實録也。復能捐犀帶、出金錢、造浮橋、築長堤以惠惠人，蓋不直文詞翰墨之被乎惠之山川草木而已也。然則，公固有宋一代之名賢也。以惠視之，則公又惠過化之先賢也。弘治壬戌，予同年友新昌吕君中原，以南京刑部郎中遷知惠郡事，首謁公祠，復能師公遺德以治其民，而民悦之。公餘，因翻閲郡舊刻公詩集，脱落殆過半矣，因重録其五七言律詩、絶句爲三體集，蓋倣唐人三體之選也，而其意則寔欲因公之流芳遺烈而表章之，以風其人民、端其士習，以施其教化云爾。不然，公詩具全集，惠有舊全刻，而金陵復有王梅溪《集百家註東坡詩》，而必以是傳爲哉？雖然，文章天下之公器也，其得失蓋有公論焉。昔人論杜子美短於文，病在於以詩爲文也；韓退之短於詩，病在於文爲詩也。公之文章，汪洋俊逸，氣節正直，淩厲當時，尊之後世，仰之不啻如景星威鳳，夫何容喙？至於詩焉，雖落筆之際，浩蕩沛江河，巍峨聳山嶽，而終於朱絃疏越、一唱而三嘆者，有遺力焉，則亦不免蹈退之之病者矣。山谷謂公「文章妙一世，而詩句不逮古人」者，殆亦公論也。或謂文士相輕者，過也。異時，公與定國書亦云「詩筆殊退」，則公亦不自諱矣。而後之君子必欲爲之掩護，何哉？集刻已畢，吕君專使不遠千里走書幣徵予文以序之。予既慮夫讀者不知吕君所以集公之詩之意也，故推本教化以爲世吏警；而又懼夫世之學詩者以多岐而亡羊也，故敢述其斥鷃之見，則雖得罪於君子，亦有所不敢避焉者矣。

鐵菴集序

《鐵菴集》乃宋寶章閣直學士方公所著、九世族孫今廣東右參政良節刻而爲世傳者也。公有宋一代名臣也，其始典教與夫司牧也，正學術、勵名節、表章先哲、禮下賢士，聲望隆焉，爲世稱重。其在朝也，多所建白，國是賴之。其疏今集具存，忠義之氣勃然，與八壺争高，而《宋史》弗之傳。其知吾廣，經略安撫也，尤有遺愛，而仰高祠名宦中弗之列，輿論病焉。所恃者公所著，藏之故家，巋然如魯靈光之獨存；又賴賢孫如吾參政君，涖政之暇，亟以顯祖爲事。念公遺稿浩繁，乃托一二文學處壇壝静室，選其所作關繫世教之大者，其爲類目凡二十有二，其爲卷凡〔二〕總若干萬言，名曰《鐵菴集》，俾詡序焉。詡竊嘗以臆見而妄評，公之爲文，如奏疏以至墓銘之類，高者駸駸乎上與秦漢作者頡頏，次者亦不失爲近古高製；爲詩，如古體、近體、五七言長短之類，雖風格未盡脱趙宋氣習，而才力良足以勝之，亦有陳黄矩度，兼之懿德偉績卓然響世，謂之有宋一代名臣，非邪？據此則宋列傳可以補，吾廣列名仰高祠亦可以舉矣。公莆田人，名大琮，字德潤，鐵菴其别號也，因以名其集。平生行實，見直龍圖閣後村劉克莊所爲墓銘者甚

〔二〕「其爲卷凡」下，疑有脱文。

備，序可略也。參政君字介卿，文而有治行云。

白沙文集序

麟也者，乃天地儲祥，星嶽孕秀，應五百昌期而生，希世之瑞也。皇明有道，其瑞應於成化、弘治間，白沙陳公甫先生是也。先生生於宣德戊申者也，今以爲出於成化以來者，何哉？蓋其初也麟性雖具，必至是性始完，而頭角始嶄然露，毛鬣始焕乎其有文章也，抑以見先生之所以希賢希聖者由學而至，所以勉進後死之與於斯文者也。先生之學何學也？古聖賢相傳之正學也。其造詣，則由知而好、由好而樂之者也。其全體之呈露、妙用之顯行，雖不敢以意想揣摩而妄爲之説，昔人所謂「因言以求其心，考跡以觀其用」者，猶幸賴諸詩文之僅存也。知言者能即是以求之，則大而出處酬酢，小而語默動静，顯而孝弟忠信，微而性命道德，亦概乎可考而知也。有能述其旨、纂其言爲訓，以羽翼乎六籍四書，天下之大千，萬世之遼邈，詡安敢絶望以爲無其人焉？若然，則其道有傳焉。嗟乎！麟逝矣。是集乃麟之景跡耳。以景跡而求麟，不亦遠乎？雖然，麟在，無庸景跡爲也；麟逝，而景跡可并泯乎？昔詩人以麟之趾、定、角，興公之子、姓、族也，一則曰「于嗟麟兮」，二則曰「于嗟麟兮」。説詩者以爲麟性仁厚，而公之子姓族亦仁厚。是乃麟也，何必麕身、牛尾而馬蹄者，然後謂之麟哉？吾固以學至乎聖者爲真麟也。彼投閣而草玄、干時而續經之輩，爲麟之贋也，非邪？麟不可見矣，有能因言以得先生之心，其道脈之正傳、學術之的緒，當涣然自信之矣。詩刻于山東者，二十之五；刻于梧州者，二十之一耳。而文則子弟門人所抄録，散在四方，未有會輯成集、刻而傳之者也。弘治癸亥，吉水羅君僑惟升以進士來知新會縣事。新會，先生之闕里也。惟升下車，首登拜先生遺像，悽然起羹墻之思，慘乎有不及門之遺憾，復能師先生遺教以治其民，而民戴之。乃於政暇，搜羅先生詩文爲全集，以慰天下後生之心，而興起先生之道。麟接跡於世也。至於用舍，世道之隆替繫焉，麟無與也。是言也者，斯道之攸寓也。言存矣，麟不死也，況有嗣之者乎！吾知是集一出，天下後世不徒争先拭目之不暇矣。

白沙遺言纂要序

儒有真僞，故言有純駁。六經、四書，以真聖賢而演至道，所謂言之純莫有尚焉者矣。繼此，若濂洛諸書，有純者，有近純者，亦皆足以羽翼乎經書而啟萬世之蒙，世誠不可一日而缺也。至于聖絶言湮，著述家起，類多春秋吴、楚之君僭稱王者耳，齊桓、晉文假名義以濟其私者耳，匪徒言之駁乎無足取也，其蓁蕪大道、晦蝕性天，莫甚焉。非蕩之以江海、驅之以長風，不可以入道也。故我白沙先生起於東南，倡道四十餘年，多示人以無言之教，所以救僭僞之弊而長養夫真風也。其恒言曰：「孔子大聖人也，而欲無言。後儒弗及聖人遠矣，而汲汲乎著述，亦獨何哉？雖然，無言二字亦著述也，有能超悟自得，則於斯道思過半矣。然則，六經、四書亦剩語耳，矧其他乎？」而世方往往勸先生以著述爲事，而以缺著述爲先生少之者，蓋未之思耳。今則《詩集》出焉，而人輒以詩求之；《文集》出焉，而人輒以文求之。自非具九方臯之目，而能得神駿於驪黄牝牡之外者，或寡矣。詡誠懼夫後修者復溺於無言以爲道也，因摭先生文集中語，倣南軒先生《傳道粹言》例，分爲十類而散入之，其間性命天道之微、文章功業之著、修爲持治之方、經綸斡運之機，靡不粲然畢具。輯成，名曰《白沙先生遺言纂要》，凡十卷云。庶觀者知先生雖尋常應酬文字中，無非至道之所寓，至於一動一静、一語一默，亦無非至教。蓋可觸類而長焉。由是觀之，先生雖以無言示教，而卒未嘗無言。是以言焉而言無不中，有純而無駁，其本真故也。是可以佐聖經而補賢傳矣。

見素集序

文章以救時爲貴。中古來，文若韓退之之《佛骨表》、歐陽永叔之《朋黨論》、胡澹菴之《乞斬秦檜疏》，詩若杜少陵之《八哀》、石守道之《慶曆聖德》之作之類，排異端、崇正道、斥奸諛，百世之下讀之，猶使人毛髮森竦，恨不生並時而願爲之執鞭也。下此則鬪富誇巧，雖極其工緻，第取悦人耳目，而於綱常世道無所關繫焉。果爾，亦奚貴於文章，而必以是傳世爲哉？始予計偕至京師，於士友家，獲覩莆田見素先生林公爲秋官員外郎時抗憲宗皇帝疏草，三復流涕，見其劾匪人、糾權倖，凜然鈇鉞之嚴，而血誠骨鯁溢乎言表，殆揭日星而聳山嶽也。公雖坐是遠謫，而一時國是士氣賴之，議者謂與澹菴一疏相伯仲。文章若是，豈非所謂救時者邪？未幾，還公留都，薦歷外臺長。一旦拂衣去，朝抗章夕就道，未始待報也。越數載，先帝以言者起公爲僉都御史，持風裁於大江之左右，貪墨吏多望風解印綬去，雖當路左璫素號桀黠者，亦爲之斂跡潛避。公出而救時，其事功之偉又在在如是，蓋不啻見諸文章而已也。使公在朝廷，則必有以寢淮南之謀；在邊陲，則必有以寒西人之膽；而在山林，則又必有以一絲而重漢九鼎者矣。蓋公精神心術之所寓，有未易以尋常窺測者。故發而爲文爲詩，或贈送、或酬答、或寄託，雖體製異科、風格殊指，要之，其歸與曩疏救時之意異者，幾希矣。然則，公之文章，雖欲靳不傳於世，弗可得已。而公方退然以爲此特醬瓿上意思耳，夫豈以是爲自足者哉？間手編成集，凡五十餘卷，而以其別號見素者名焉。不遠數千里，緘書遺予，曰：「子其爲我序之。」得書時薄暮矣，亟篝燈快讀，次日即捉筆。于以見予仰公之至，方以託名是集爲幸，遽忘其譾陋且讓云。

六書音義序

《六書音義》一書，致政郡守豐城芝軒涂先生所輯，其冢嗣憲副鄉儀刻之以傳者也，其爲卷十有八，其爲門十有三，其爲部五百十有四，其爲字總若干萬。其真楷主《洪武正韻》而附之以古文、篆文、籀文，其音切亦主《正韻》而兼取《玉篇》，其釋義雖本《説文》，凡涉穿鑿者悉删去，而兼采他説。文字備而無《玉篇》之雜，音義正而無《説文》之鑿，可以左右《正韻》而備一代書學之製，與昔之《玉篇》、《廣韻》、《韻府》、《書統》諸書並行於世，無疑也。先生自登仕版以來四十餘年，無所好，獨好儲書，將踵鄴侯之富。政暇，手不釋卷。暨歸老于劒江之上也，日惟從事於著述，此其一焉。憲副公携之入廣，刻已，屬走也一言以引諸端。嗟乎！結繩廢而書契生。書契之初作也，依類象形謂之文，形聲相益謂之字，而著於竹帛則謂之書也。《周禮》小學保氏教國子，先以六書。六書者，象形、會意、指事、轉註、諧聲、假借是也。書必有音，宫商角徵羽是也；音必有義，訓詁是也。音失則陷江左之偏，義失則蹈荆國之妄，而六書於是乎失真矣。此《六書音義》之所由以輯也。皇明大一統，文字無寄象鞮譯之殊，然惟章奏用《正韻》，公移、私券、課程、碑板之類，往往尚沿舊俗習，豈非由昧文字體用原流與失音義之所在故與？是書一出，啟初學、醒群蒙，其有功於書學也不少矣。若夫含情性於顧盼，蓄血氣於點策，沐之以虚圓不測之神，浴之以浩然剛大之氣，去睢盱側媚之態，回熙熙穆穆之風，使閲之者神和而氣融，此則又音義之外有别傳焉。所謂「神而明之，存乎其人」者也。抑聞之穆伯「立言不朽」之説、《詩》「孝思維則」之訓，先生之立言，固足以爲不朽圖矣。而憲副公思章親美，其孝思必足以爲錫類之勸也。走也故於序末表而出之。

兩山遺稿序

《兩山遺稿》，是惟我歷守撫、漳、潯三郡事番禺張姓諱璝字德潤别號兩山先公平生所遺著述蓋盡在焉者也。我皇明有功德之名臣起於嶺海間僅三四人，而先公與焉，見雲南按察副使毘陵徐公紘所編《琬琰録》，已梓行于世久矣。公幼有異質，穎悟絶人，書史過目即了其義，群藝咸不假習而能。正統己巳，黄蕭養作亂，將圍廣城，城外遠近人咸奔挈入城，城門塞，羸幼踐死者相枕，公突入，猶手活數人，時年弱冠耳。識者知公活脱手段已兆於斯矣。庚午，領鄉書，尋遭太母夫人憂，哀毁骨立，日拾磁碎鍊油灰，卧棺下，手批之。天順丁丑，舉進士。奉使，道出江右時，巡按者不出見，公曰：「彼主而我客也，客無先謁主禮。」答二司禮畢，竟還。冢宰崔公恭時爲左方伯，獨異之，語人曰：「張進士少年風力如許，異日必偉器也。」盛延譽於士大夫間。庚辰，授户部主事。大司徒才公委掌部封事，公因得稍暇，遂大肆力於群籍，而文學之譽始籍籍鳴於時矣。大宗伯姚文敏公夔薦同考會試暨提學僉事，咸爲忌者沮。文敏公見公，盛氣曰：「老夫薦賢爲國，遽有他邪？」江右撫州缺守，崔公曰：「某得其人矣。」遂疏公名入。公以六年主事，驟得大郡，亦異數也。命下，時掌錦衣衛事者威權甚烜，家有夙負在撫，因厚遺公，公峻辭略不敢視。每遇撫人，無問貴賤，必以撫之民隱訪之，遂盡得其情。下車，鉏强扶弱，彰善癉惡，如素所目擊，一郡驚以爲神明。故事：新官視篆，縣供什器。公悉却之。快手以擒捕爲名騷擾村落，尋罷去。撫多引錢，前官所取不貲，公照京府例取鈔二錠。其後民告不便，始折白金分半。詞狀供招，悉出公手，不以付吏，吏無所售其奸。理文卷每至夜分始就枕。乳媪裁縫出入公門及老兵素爲民害者，公悉杜絶而驅遣之。先是，屠牛禁莫能絶，公首枷其勢要之尤者，始莫敢犯。有兄弟争田，當路怙其重名，久不能斷，公一言定之。有寄籍治内，前官憚其勢位，莫敢差發，公處之以公。屬邑鄉豪殺人繫獄，夤緣貴要，請囑百端，而不爲之動，卒正其罪。他如詭立户計、苟免科徵、隱瞞丁口、影脱軍伍，與夫曹屬粮里、交通富民、虐害良善、吞併窮苦諸弊，革去幾盡。江右歲大饑，撫獨有備，所活者不可勝計。凡燕飲，一不與。政暇，則課諸生、延接賢士、詢訪時政而已矣。大宗伯徐公瓊，撫人也，時爲侍講，與公書曰：「每有公評，廉健如王祥符，而仁恕過之；翰墨如周莆田，而公正過之。當於古人中求匹也。」三年政化大行，有野蠶成繭之瑞，士民皆歌頌。未幾，遭大父户部憂。歸時，姑蘇韓公雍總督兩廣，禮遇公，語肇慶李通判敏曰：「此人有大力量，欲薦行軍副使。」不果。服闋，未北上。江浦張公瑄巡撫閩中，薦補漳州，乃成化甲午夏也。入秋，洪水大漲，所在田廬淹没，公急發舟奔救，活數百人，給以衣食財物，亡者設饌招魂祭吊。繼值旱災，祈禱霑足，其負租具實奏免。重修學宫，極其壯麗。南橋爲洪水所圮，公修復，皆巨石，凡十餘丈，一力不以勞民。闢港道以便灌溉。延學行師儒以訓士子。鄉飲素苟簡，公考禮按式，務極崇嚴，以敦風化。昔諸被患，列屋奠居抱子孫矣，念無以報公生我之恩，乃相與立功德碑於南橋，見兵部郎中林公雍所爲碑暨白沙先生跋。後二十有三年，公猶子翻同知漳州事，謁學，見老稚數百人俯伏橋左右，問之，對曰：「昔太大人所活民子孫也。」時汪守陪行，見之，嘆曰：「令叔遺愛在人，有如是夫！」嘖嘖無已。公已六年秩滿，便道還鄉。分巡官素不悦公者，因其鄉人巡按相與媒孽，以爲多收養馬柴薪息。公抗疏訴冤，復與之詣奏，歷三法司獄殆遍，賴聖明宸斷，竟得雪，因調潯州。潯州，廣右陋郡也。公不鄙夷其人，待之百凡如在漳時。時大征梗化者，總督朱公英以公正直，委以戎事，公活數村人命，殆不下萬計。不二載，以九年秩滿，飄然買舟南歸，意不復出矣。時掌銓衡者終迎臺官意，因考察，竟誣退公。公雖泰然不以介意，而時論稱詘，萬辭如出一口。公之退，實公之榮也。晚年，預營壽藏於祖壠下，經營規制甚偉，日與親故賓客徜徉觴詠其間以爲樂，視斯世若遺焉。辛亥，卒于家，得年僅六十有二耳。嗚呼！先公爲人慨慷易直，居家孝友，所得祖業揭爲祠堂、祭田，餘悉以讓諸兄。見人貧乏，盡力拯濟。語及人患難事，輒泣下。有大才志，歷守撫、漳、潯三郡，皆有功德於民。而其最不可沒者，活撫人於饑饉，救漳人於洪水，脱潯人於兵刃，先後不下數萬人。昔人所謂活萬人者，後必封。雖天道或者遲遲其報，而在公則位不滿德、年不登中壽，使其懷瑜齎志以没。嗚呼，豈不痛哉！丘文莊公濬素重許可，眼中人當其意者指不多詘，獨敬重公。其祭公文有曰：「方其進也，期君以大用，常理謂其必得，既不果遂；迨其退也，期君以遐年，謂其不得於此，必得於彼，今也又不遂。嗚呼，德潤！予以君故，而後不敢復評天下士也已。」論者以爲知言。平生不屑著述，而詩文出於一時應酬，流出肺腑，皆直氣所發。見者每嘆以爲不可及。書法獨步一時，尤精於大書，干題榜者接踵。白沙先生因閲公爲莆陽丘御史書《赤壁賦》，嘆其醇古，有詩云：「醉中亦有臨池興，悵望名家不敢言。」白沙先生書蓋一世者也，其推重乃如此。嗚呼！公今墓木已拱矣。所遺著述，不肖詡大懼荒墜，謹以類編葺，釐爲二十有八卷，凡若干萬言，總名曰《兩山遺稿》云。惟公蔚爲昭代名臣，則公之著述固非一家所敢私也。用是，於公名字謹不敢諱，而併述其行實大略，將乞世之名作首序，爲天下道而傳之。庶讀者因言以得公之爲人，而以竢夫他日修國史者。

南海雜詠序

昔人於其鄉之山川人物、古今勝蹟，類有永言，蓋所以道其興廢顯晦之故，以寓夫吊古傷今之意、登高望遠之情，欣悼嗟嘆，溢乎言表，于以傳之鄉人、播諸天下後世，使讀之者宛如身居〔一〕

〔一〕居，《南海雜詠》卷首序作「歷」。

其地而目擊其事，可勸可戒而不自知其感慕之至也。其所以有關於人心世道，夫豈細故也哉？予嘗有志於斯而力未暇以爲也。成化甲午，叨領鄉書，寧親于漳州之公署，定省、課書之暇，塊然無所營，因取南海志書讀之，采其古今景跡之著者，各賦詩以詠之，積成計凡若干首，細書成帙，分爲十卷。以其皆一郡之蹟，而詩略備古今諸體也，因名之曰《南海雜詠》云。所慊者，養淺而積薄，發而爲辭類，近而弗邃、鬱而弗章，風韻不長，不能極揄揚蹈厲之興以追配乎昔人之萬一，爲可愧耳。然異時或携之以遊江湖之間、居山林之下，時〔一〕取一篇與漁父、樵童、野僧、田畯長歌短詠，以侑尊俎、資笑談，亦足以慰其羈旅之情、故鄉之思、索居之寂而已矣。若夫傳不傳，予又安敢置固必於其間邪！

桂軒續集序

自昔詩人稱爲名家、大家者，必期體裁之純雅、音節之和平，兼古今、備衆體而各極其至焉，始克稱是。否則，未有能卓然名世者也。若是者，雖關乎時而亦存乎人焉。皇明光嶽氣完，作者輩出。至于詩焉，惟吴中與吾嶺南爲盛。洪武初，吴中則高啟、楊基、徐賁、張羽各以其詩鳴，

〔一〕 時，原作「將」，據《南海雜詠》卷首序改。

時稱四友；嶺南則孫蕡、王佐、黄載、李德、趙介結爲南園詩社，時稱五先生。一時高唱，莫不含淳漱和、淹古轢今而衆體具焉，其純雅之詞、和平之音，寔足以鳴國家之盛。故今天下之論詩者，一則曰吴中，二則曰嶺南焉，宜乎嗣之者代弗絶響也。若四川憲副致仕江一原先生，其今之巨擘者與！先生爲人和厚樂易，破一切城府厓岸，而游心太古之先，好學之心老而不倦，故能博極群書，出入諸作家之門户而窺其室奧。耳目所及而感之心思者，發而爲詩，率皆和平純雅，一掃詀澀艱澀之病，而思致之遠、風韻之高，則又渢渢乎溢於言意之表，若漢之樂府、晉之五言、唐之五七言律絶句與夫歌行諸體，信筆而成，莫不握其樞機、中其肯綮，誠足以匹休乎五先生而追踪乎古之作者矣。蓋先生際重熙累洽之餘而得之氣化者爲獨盛，所謂關乎時者也。然亦豈非本其天分之高、學問之博、考索之精，有以大過人與？不然，彼挾册呻吟、旬鍛月鍊而致力於詩焉者蓋亦多矣，獨不能與於斯者，何哉？所謂存乎人者也。先生平生著述甚富，自發解爲進士、爲茂宰、爲地曹、爲監司時所作，門人知縣吴璉輩輯爲前集，刻于江右矣；其在蜀爲兵備憲副時所作，總戎李公鎬輯爲續集，刻于松州矣。暨歸老于羊城也，又十年矣，諸子弦、宇將輯爲別集，刻而附于續集焉。先生謂詡頗知音者也，俾序之。詡謬謂詩關乎時而亦存乎人者如此。然則，欲成一代制作之名於天下如先生，信不可以無所本也。

東所先生文集卷之三

序

章恭毅公文集序

天眷皇明，錫以骨鯁忠貞之臣，俾之用以贊治化、匡社稷、扶綱常、隆世道于當時，而餘芳遺烈足以起頑立懦於千百世之下。若南京禮部左侍郎贈尚書謚恭毅章公，蓋其人也。公在景泰初爲儀制郎中，即抗疏論太平致治十六事，次論禦戎，次論鈔法，次論幸寺，次論恤民，次論時政，次論朝貢，次論科舉，最後論修德。方在一司秩五品，非秉鈞軸當言路也，五歲中，疏入者八九，皆國家大計，言人所不能言者也。其修德中，言朝上皇、復儲位，事關王體國是，尤大言人所不敢言者也。疏一上，舉世韙之，而公坐是得禍矣，首尾困縲絏七年，考訊無完膚，繼受大杖一百，瀕死者亦屢矣。我英宗皇帝復辟之初，首釋公。是夜索公疏讀之，猝不可得，隨聞之内侍口誦，以手擊節，嘆曰：「好臣子。」明日擢公禮部右侍郎，蓋簡在帝心久矣。方公下獄也，天大風，黄沙四塞，人心杌隉；釋囚之日也，連日陰霾至是開豁，京城男婦聚觀如堵，有泣下者；擢官之日也，中外臣僚，下至衛士以及行路之人，莫不舉首相賀。一時骨鯁之名、忠貞之節，掀天揭地，雷震于四方矣。由是觀之，公危言讜論一發，雖不盡用，而於治化、社稷增重多矣。至於殊榮大辱之加，綱常世道又因之而振肅焉，千百世之下聞其風者，頑可起而懦可立，豈誣也哉？謂非天錫，不可也。惜乎公以公輔之器而沉于下僚，後雖任以卿佐，尋改南都，未衰，乞骸去矣。其素所蘊蓄，容有未究其用者，故往往於文章焉發之。平生所爲詩文甚富，雖一時應酬之作，亦皆本於性道節義、該乎人倫物理，不爲無益之空談，故雖不屑屑求中於文士詩人之榘度，而精誠貫金石、光焰奪星斗，非有本者，能如是邪？竊嘗妄評公之詩如關雲長直取顔良頭於百萬軍中，而陣伍有不必設焉者矣；文如郭子儀單騎見藥葛羅於涇陽，而甲冑或在所免焉者矣，豈尋常將帥敢爲哉？蓋詩如其文而文如其人如此。公薨之二十二年，冢嗣方伯玄應始編次成集，凡二十有七卷，詩文共若干首，刻梓以傳。屬詡序其端。噫！詡何人，敢以不腆之辭辱公之文哉？顧仰慕公在山斗之地非一日矣，重以方伯孝思之意不可孤也，敢論述其關繫於天人之大者，以見公所以取重於世者有在也，是亦論世之意也。公名倫，字大經，浙之樂清人。有《年譜》、《奏議》、《進思録》、《困志集》，已梓行于世矣。方伯才猷茂著而有文，所以濟公之美者未艾也。

耻菴集序

成化間，先師白沙先生倡道東南，適一峰先生以風節起於大江之右，若響答風聲所漸被，一時天下士習爲之丕變。時則有若耻菴先生陳公者蒞江右臬事，乃獨於二先生尊崇而左右之恐後。詡時在弱冠，聞之，以之占公之賢過人遠矣。癸卯之秋，詡計偕北上，道出江右。公時轉官在藩省，聞詡至，亟枉顧南浦驛中，與之握手劇論久之。詡於是乎益信公之賢，不翅如曩所占焉，蓋見勝於聞也。已而別去，公遷官入淛，尋以物故聞。自是，公不可復見矣。後二十有五年，爲正德丁卯，公之姪墀以進士宰吾廣之東莞，視篆之隙，始以其昔從公在任時手自抄録公詩并文凡若干首，以類編次成帙，干詡序諸篇端，將刻而傳焉。顧詡於公，惡能已於言哉？公長於吏事而文之以經術，宦轍所至，聲望隆然，而崇尚文儒之懿，尤爲物論所歸重。假令公無著作焉以傳，而公之賢卒不可揜也，矧重以著作之不苟，燦然如渾金全璧者哉？假令公於詡無一日之雅焉以爲今日購文地，詡固不敢愛不腆之言，將以白公之賢于天下後世，矧荷公一旦逆旅斯文，魚水之契、忘年忘分，底于如許其盛也？然則，詡雖欲已於言，弗可得已。公名煒，字文曜，閩縣人也。登天順庚辰進士第，拜御史，官至淛江左布政使。以其別號耻菴也，因取以名其集焉。墀字德階，政尚清簡，將來進用未艾也。若德階者，亦足以世公之家學也夫。

園居六詠序

去滇城南約五百弓，有勝地焉，擁五華而瞰龍江，郡人孫文振氏居之，復於所居之傍闢地爲園。園之中鑿渠引水，匯而爲池，沿池種柳樹百餘株，垂陰可憩。當波光瀲灩，浩魄當空，水雲之吞吐，魚鳥之飛潛，俯仰之間，可以自得。池之外有塢，環植杏花，當春風披拂，落紅如雨。蓋文振積以醫鳴，志在利物而不私，故託董仙以自況。塢之外，結茅數椽爲讀書之所，樞竹爲牖。讀罷則彈琴其下，琅然吾伊之聲，泠然咸池之韻，可以自適。一室之中，左丹爐右茶竈。客至，則相與啜茗，清言竟日；客去，則燒煉丹藥，以給病者。此外嗒然若無所事焉。因析爲六景。鄉進士何良玉走京師，謁縉紳之能言者，作爲詩歌以詠之，復介予年友夏景昇來徵文以爲之序。予聞自得之樂，内焉而不倚於心，外焉而不著於境。文振以利物爲心，曾無炎涼疏戚之間，則中之所存者浩矣；日出入於山水禽魚、風月花木、琴書藥茗之中，而樂之不厭焉，則外之所好者清矣。使於此脱然而無所倚著，則物我兩忘，心境俱寂，爲而不有，功而不宰，天地之情、君子之業見矣。文振豈亦有聞乎此否也？雖然，世有簞食豆羹見於色、而一世甘心醉夢於聲利之塲者，聞文振之風，亦可少戢哉！敢以是爲景昇復，請良玉歸而告諸文振。

一齋吟稿序

瓊州别駕一齋林公，與詡〔之父〕〔二〕兩山先生聯景泰庚午鄉試榜，詡之妹則歸公冢嗣核，故詡之視公，丈人行也。公不以詡晚生虚名，忘分忘年，引進資論，汲汲乎若弗及焉。雖以詡之愚，亦屢踧踖弗之安。然竊感公知，且服公之識量度越尋常遠甚，蓋聖且師稟文而下問，此風絶響於世久矣。間嘗辱公惠倡和佳製，第以未獲一飲其全爲厭焉。公之孫燦，詡之甥也，一日奉公近輯手稿來請序，因得以快夙心，而序則誼不容以膚淺辭。乃顧謂燦曰：「古之作者姑弗論，如國初嶺南詩社孫西菴先生輩之作，今取而讀之，靡不舂容其音響、質直其文辭、雋永其意趣，雖於雅頌未必一一能盡合，而一切跕滯蹇澀之態，掃蕩無餘也。蓋盛世之音、老成之作，類如許。而後學不知，競號曰：『詩弗椎鑿，非詩也。』遂往往過爲剪刻，漁獵纖濃若備，而氣魄則薾然矣；描畫精巧若可愛，而以性情禮義定之，則終弗之協，所謂大羹不調、大玉不琢之義微矣。憂世道者，於與奪取舍間，寧得已哉！」公平生所作甚富，然多不存稿，今所存者纔十之五耳。公雄辭秀句，前輩之體裁音調宛然，蓋公以其所見所蓄者，信意出之，非直可以言語文字求也。公

〔二〕 之父，原無，據文意補。

名弁，字宗敬，一齋其别號也，唐九牧之後，與莆田林通譜，在瓊州有遺愛，今去之四十年，瓊人道之不衰。居鄉，恂恂以訓子孫爲務。間遇横逆之加，若弗聞，識者謂有古受唾自乾之風，非厚德其孰能與於斯邪？抑聞古人留有餘不盡之福以遺子孫，然則顯公而傳公之詩於他日，其在燦輩乎！

竹巖詩集序

詩之爲體也甚微，而其爲用也甚大。是故蓄深養厚者其氣充然，而其爲辭也沉婉以粹，其次雄渾以博，其次平易以直焉。不爾，則急躁以雜矣，膚淺以俚矣，艱澀以晦矣。良由發之性情胸次，卒弗能掩。如是，而夫人所藴所立，恒於詩焉可考見，與夫觀人臧否得失，亦恒於詩焉不差尺寸也。第目力大小具否何如，存乎人耳。三百篇後，詩人類以功力深造、力至功完而法具矣，詩不能不爲之傳也，蓋以詩而重其人焉；其間氣節功業之著，其人自不能不白於天下後世者，則其平生所著作亦不容以弗傳也，蓋以人而重其詩焉。若《竹巖詩集》其一也。竹巖詩乃前輩河南方伯程公所作，其子今知肇府事時昭所收録，時昭之僚友、别駕白君騰霄力請刻之郡齋以傳焉者也。刻已，二君專使具簡書禮幣，徵走文爲之序。走嘗讀《篁墩文集》，中有爲公墓銘，稱「器宇、學問、行檢、才識，在一時負公輔之望如公者，不可多得，則公之爲人，蓋新安之傑然者也。至論其爲學，不事辭藻，雖時賦詩而緘其稿，諱其名，終不以自見也」。跡是以觀，公不惟不專以詩名，而其詩雖作，當時人已不可得而盡見也，況蓋棺之後乎？兹集特賴時昭克肖而能收録云爾，然亦存十百於一二也。公敭歷中外幾三十年，會計之績、甘棠之愛赫然照當時，而篁墩猶以爲世亦未盡知之，則公卓然爲新安之傑然，蓋不誣矣。故其爲詩也，雖不拘拘焉資於功力，而性情之悃愊、辭意之和平，無急躁膚淺艱澀之病，亦不愧乎古之作者矣，矧其人之可重乎！時昭允濟公美，其治肇慶也，藹然子惠之風；騰霄仰高先哲，尤篤同僚兄弟之誼，俱足以成郡治而樹民彝，是皆可筆也。走因序公詩，故併及之。公名泰，字用元，竹巖其别號也。由景泰甲戌進士起家，爲大司徒屬，出參廣右政，至左轄云。

五馬行春圖詩序

余友大參王節齋，亟爲余道知德慶州事楊君之賢也，曰：「甚矣，嶺海之間地方日瘠而生靈日病也！使牧民者皆若人焉，庶瘠者肥而病者瘳乎！」余謹志之，因以質諸當道，當道莫有異辭焉者也；又以質諸州人，州人亦莫有異辭焉者也。余於是乎信君爲賢牧而愛慕之，君亦不以余不肖而謬推重焉。所謂千里神交，余二人者，殆庶幾乎！一日，專使授簡，出其士民所頌《五馬行春圖》并詩，俾余序之。余方愛慕君，安能默默也？孟軻氏曰：「先王有不忍人之心，斯有不忍人之政矣。以不忍人之心，行不忍人之政，天下可運諸掌上。」夫不忍之心，仁也，在四時則春也。是故萬物非春弗生也，萬物非仁弗育也。故曰天地以生物爲心，聖賢以救世爲心，此之謂也。君牧千里，子庶民，寒焉思所以衣之，饑焉思所以食之，危焉思所以安之；沐之以和風，浴之以甘雨。使四境之内，刁斗轉而爲絃歌，羊犬變而爲赤子。而又以案牘之暇，施循行勸課之政焉。故入其境者，但見油油其禾黍，熙熙其人物，以爲千里皆春也，而不知本自君不忍心中來也。然則，君滿腔皆春乎，而奚行之云？蓋君之所謂春者，有所本如此。或曰：「君治體尚嚴，鋤奸剗暴靡遺餘力，用是威行，境内盜賊屏跡，春之一字，懼不足以盡君也。」余曰：「《復》生於《剥》者也。故德之流行必自威信始焉。不然，崇優游以爲寬，務姑息以爲愛，而不得所以先後操縱之機，其終不流爲委靡弗競者，幾希矣，安在其爲善治也？蓋君之所謂行春者，有所先又如此。雖然，以君之才，僅得一州如斗大，所謂位不滿其德者也。故其所設施，特千里之春耳。使君得大行其志焉，必將益擴充其本量而大其設施，弗令四海之皆春弗已也。」此固余與諸公之所屬望，而亦豈非君之素志也哉？嗚呼！心學邈矣，異時君以公事往來藩府之便，冀枉顧山中，青燈對榻之餘，余雖無似，尚能述舊所聞叩之君，君必有以復我也。君名粲，字以信，以科第起家，領初命。其先東潮人也，以祖從戎，今籍滇南云。

節齋雜稿序

昔者，漢諸葛武侯未嘗以文名也，而《出師》二表，説者謂與《伊訓》、《説命》相表裏；唐陸宣公未嘗以文名也，《奏議》一書，説者稱爲王佐帝師。何則？有懿德以爲之本而又輔之以正氣焉。是故措諸事業則光明俊偉，發爲文章則明白正大。雖於聖賢性命道德之微，容有慊然者，而其學亦足以際天人、輔世教矣，夫豈文人空言無補者可同日語哉？予同年友慈谿節齋先生汝言，早以學行聞，暨登仕版，尤慎名檢。其在儀曹也，建大議、決大疑，率事關國大體，隱然有宣公之體裁；及出參大藩也，不赫赫以樹威，不皎皎以干譽，推誠以待寮屬，布公以子百姓，又隱然得諸葛之規模。惜乎拘綴於時制、牽敓於官資，猶有未究其用者。譬之萬斛之艘，未縱乎八溟；凌雲之翮，未搏乎九霄也。於是出其緒餘，爲詩文古今體，凡若干首，録爲一編，名曰《節齋雜稿》，間以示予。其間機杼率自出，若不拘拘於文人之榘度者，然而切於日用，如土毛之甘、繭絲之暖，雖不求世需，而世之凍餒者自不能外之，豈非所謂有懿德以爲本而又輔之以正氣者邪？抑予常觀古今之人矣，才高者多傲，學廣者多誇，而負經濟者多訑訑然自滿也。惟汝言則不然，才高矣，退然若無能人；學廣矣，而謙虚不伐；經濟内藴矣，而方汲汲焉博求不一之善以自助。此其識量又有過人者。推是心也，雖聖賢地位不是過也，而何武侯、宣公之不可企及哉？雖然，道無窮也，故學亦無窮。昔衛武公年九十餘而猶好學，故詩人美之，曰「如切如磋，如琢如磨」。而曾子釋之，以爲「如切如磋者，道學也；如琢如磨者，自修也」。汝言年服官政視武公殊富也，可不勉哉！孔子曰「仕而優則學」，是已。予與汝言心契而情孚，所謂莫逆之交者也。故因序其稿而歸之也，既頌之而又弗忘其規。

送何公孟宜使還詩序

天下事爲，奚必皆出於我而後謂之用邪？人之善猶我之善也，人之能猶我之能也。其設心也果然，必能以天下之憂爲憂、以天下之樂爲樂也，必能見人之善如獲至寶、見人之能如悅珍味也。苟欲惟我之是出焉，則人我之私生於其間，不較長短於尺寸以爲名利之計者，幾希矣。詡非敢忘情於天下之事者。事無精粗大小，亦或究心焉於其間，顧其才小、其力綿，其病疢之來十居其七八。曩常出效犬馬之力而屢試屢蹶，亦其才不稱事、力不酬心故也。今而後，病日相尋，自揣虛薄，決無可以爲世用者矣。獨上恩未報，昧昧焉不敢以一飯忘，亦惟取人之善以爲己之善、取人之能以爲己之能，如是而已矣。善且能矣，雖素昧平生，猶師而仰之，而況知厚者邪？詡於晉陵何公孟宜，舉進士爲同年，入選爲同官，任事爲同部，交道爲同志。所不同者，公之善、之能，超然脱穎於人人中，固非詡所能及也。謂之知厚，非公誰邪？去年，領部檄出理國計於閩廣，公施爲有方，不疾不徐，吏奸不得以售，民隱不得以抑，而積年逋欠以完。其在廣也，自春歷秋，凡七閱月。雖館人飲食之供必却，或不得已有賓客之饌，一魚一菜之微，必償之以廩給。其介如此，故大而藩臬莫不敬，小而州縣莫不畏。所居之公廨，百凡公給之需，視諸尋常出使於廣者迥異。然則，公何以得此於上下哉？其必有由矣。孔子曰：「行己有耻。使於四方，不辱君命。」公其以之。詡也百病集躬，方期與安期、羡門之屬，採藥於名山無人之境。安得百何公布之天下之要津，以寄斯民之命，使詡犬馬餘年得與太平，昆蟲草木同遂其性，抑何其幸哉！故於公之行也，爲詩以别之。而凡似公之作，并附録于後云。

張氏家譜序

詡聞之：古者諸侯世國，卿大夫世家，死者有廟，生者有宗，是故雖歷百世而不相忘也。秦漢以來，仕者不世。然其世之賢人君子，猶得以知其先人無廟無宗而不昧其祖宗者，譜之力也。自唐衰，譜牒散絶，士大夫廢而不講，而世人不載，於是乎貴耻言賤、富耻言貧，置其先於弗之齒者多矣，此譜之所以遂大廢也。吾張氏入廣，自一世以至七世，譜牒具存，不幸燬于兵燹；自八世以至十三世，詡謹修葺之，以爲後人啟端焉。知者書之，不知者闕之，謹其實也。嗟乎！家之有譜，猶國之有史也。史紀善惡，爲後世勸懲，主義也；譜爲世系宗支而設，使爲人子孫，雖遠而百世，可以推尋其本原之自，不至漠然視爲途人，然後得以敘倫理、篤恩誼者，主恩也。由一家以及天下之家家焉，教化以之而起，風俗以之而厚，其關繫亦大矣哉！雖然，吾譜自名字別號、生死歲月、科名勳級之外，有一技能必書，有一善行必書；至于婚配也，守節者必書，改適者必書。培塿與嵩華並，而高下自見；涇流與渭派同，而清濁自分；芝蘭與蔓草雜，而香臭自別。然則，吾譜之作，雖不爲善惡紀也，而善惡隱然見焉；雖不爲勸懲設也，而勸懲隱然具焉。此則又詡之妄意也。謂之家譜者，天下一家也，況吾族乎？使天下之大，家家一譜，猶大綱之有萬紀；會萃入于板圖，猶萬紀之有大綱。雖總謂之曰大家譜，于以見我皇明天下一家之盛，亦可也。

送同知膠州高君之任序

夫蛻穢濁而出埃壒者，不在乎巖廊臺閣之上、灌莽巨澤之中躡烟霞而乘雲霓也。不動於崇高，不辱於污溷，不擾於卑瑣，不困於紛拏；德昧昧焉而人不之知，政蕩蕩焉而人不之感，機活活焉而世不之覺也，斯謂之大有。是故魚塩、屠狗、抱關、擊柝之賤而賢士隱焉，亦惟其胸次之高卑如何耳，而況遭逢休明希闊之世、以經學佐施政教於名州者乎？夫州縣之職，昔人嘆其徒勞。以今觀之，臨以上司，壓以大府，承行簿書，迎送往來，終歲役役焉不少休，亦云卑瑣而紛拏矣。然先儒以存心愛物，自一命之上，無不有濟。以今觀之，環千雉之城，土地數百井，人民數萬口，政事數百欵，苟吾心一惟愛物焉自存，則被吾澤者何限？夫然，擴然無我，一惟理視。視彼之所謂勞者，刀也；吾心，水也。以刀割水，其何傷乎？維揚高君宗盛，以太學生入選，得同知山東之膠州。予寮長顧君時俊，其鄉人也，惜其才美而官小，恐不足以當其意，來求予言以解之。予念與君未有一日之雅，顧不以膠之風土文物，與其臨民之道、施爲之序次第揮揚，而輒語以大有之道，不幾於驟乎？雖然，放艇投竿必以洞庭、彭蠡爲適，吾之云然，亦欲擴大其胸次而已。胸次既大，則百美衆善自此流出。彼時政之瑣瑣，以君之明，其有不知也哉？而容喋喋？

送通判梁君之任漳州序

上登寶位之明年，詔天下校官秩滿得與監冑士之入選者，群考而並用之。於是，崑山梁君以德興縣儒學訓導最上，復考居優等，得漳州府通判。予寅好郎中陳公喜其郡佐之得人也，來徵予言，以爲君之官之贈。予惟漳之爲郡，濱海阻山，民繁且富，時有奸宄萌孽其間，治之難也，固然。自我朱文公過化，蔚爲禮讓之區，冠昏喪祭之禮講行，至于今不廢。是故，其民可以身教而不可以智愚，可以誠感而不可以威制。長民者有德則易以治，而無德者卒難以服也。兹理在天下列郡莫不然，而奚獨於漳云然？家君曩守兹郡，予在侍數年，漳之風土文物，襲予耳目，甚熟稔知其尤然故耳。君領成化辛卯鄉書，教德興者九年，中間兩典文衡，令譽勃勃，其於律己治人之術，輾轉於心也，久矣。其往以身教而無庸乎智，往以誠感而無借乎威也，審矣。吾見愛嚴得於淑慝，無俟乎多時也，必矣。又奚難而不易也？或曰：「守則然，判其佐守者耳，如不專何？」予曰：「否。昔人云：『一命之士，苟存心於愛物，於人必有所濟。』况秩六品而佐諸侯也耶？設政事有一或缺，生民有一或病，判顧可諉曰『吾不專』、『吾不專』？」今之守，予鄉先輩鄺公也，素有德者，既以體統其政令於上，又以有德之判佐行其間，漳之治信易易耳。于以紹文公之遺化，而仰答我聖明簡任之意，適發軔於今日。君名紈，字尚素。尊翁以科第起家，知平定州，有遺愛。君之所得，蓋有自云。

贈葉君肅儀令恭城序

詡之寅好郎中陳君朝美，亟爲詡道其鄉友葉肅儀之爲人，曰：「人情擇官莫不樂内而惡外、喜近而憚遠，惟吾友肅儀則不然。始由邑庠弟子員，領成化甲午鄉薦，試于禮部者屢矣，曾不得一雋，遂援遠方例，告選于吏部。予往慰之曰：『今之名公卿，鬱抑困窮於初途、奮發飛騰於末路者，多矣。以肅儀之學之才，少低徊歲月，親燈火、理殘篇，則登甲第、取青紫如拾芥。彼選大而郡佐、次而邑長，不過外職，外職不爲時重，奈何就選？』肅儀笑曰：『唯唯。』又曰：『凡言遠方，黻冕詩書之少興，漳雨蠻烟之必犯。必不得已俯而就選，天下之大，寧無神州赤縣之可擇，又奈何就遠方？』肅儀笑曰：『唯唯。』既而選榜張，得令平樂恭城，又往慰之曰：『吾固嘗勸肅儀，肅儀不予信，今果然矣。肅儀樂乎？否乎？』肅儀『唯唯』如前，徐起而言曰：『儀不敏，竊聞古聖賢之訓矣。仕所以行志。官而有内外之分、遠近之擇。役役於聲利之埸、惟己適之便，醉夢而不自覺者，竊耻之。昔者，濂溪而下，如明道，如晦翁，如龜山，皆命世大儒，以帝王之學，試牛刀於小割，況下此者乎？是故，吾患吾才不足以舉吾職也，吾敢遑内外之較？儀又聞之，昔賢有不憚瘴癘險遠爲之緩視徐按而白浪朱厓曾不爲風濤改色者。矧吾恭城，亦廣右名邑，與吾閩鄰壤，初不聞瘴癘之毒、風濤之惡，其俗固善俗也，其民固良民也，吾惟懼不能父母之，吾又何敢遑神州赤縣之覬？況吾初志固審已，吾何不樂？』予壯其言，因率鄉之同遊謝廷烈輩，崇酒殽餞之國門外，而尚未有贈言以發肅儀之所存者，願吾子爲我輩執筆。」詡味肅儀風旨有近於道，又重陳君之請，因爲次第其往復之言贈之如此。

贈教諭林以永序

道之弗明，他岐害之也。他岐云者，凡影響附會、創爲臆説以亂聖人之道，似同而寔異、使初學靡知所從止者，皆是也。今夫釋、老、申、韓、楊、墨之爲他岐也，人人知而遠之，至于以儒名世而學之之差、弗自覺其言之螯，此其爲他岐，而人匪徒漶乎弗之知也，因而惑於其言，遂併以聖道爲然，終身倀倀然不爲冥迷之歸者，或寡矣。昔人以孟軻之功配禹，豈不曰救人心甚於救人命也？於戲！兹豈細故也哉？姑舉昔儒所謂道學體統者例之，其言曰：「所謂道學者，非有至幽難窮之理、甚高難行之事。」噫！然則然矣。《易》曰：「過此以往，未之或知。」《中庸》曰：「肫肫其仁，淵淵其淵，浩浩其天。苟不固聰明聖知達天德者，其孰能知之？」孟子曰：「行矣而不著，習矣而不察，〔一〕終身由之而不知其道者，衆也。」孔門三千之徒，而德行一科，惟顔、閔數子可以當之。由是觀之，理果易窮而道果易行邪？又曰：「行不力，則雖精義入神，亦徒爲空言。」夫精義入神，非聖人弗能也。學造乎聖域矣，安事行與力爲邪？若是，所謂影響附會、創爲臆説以亂聖人之道，似同而寔異者也，而又何必釋、老、申、韓、楊、墨，然後謂之他岐哉？莆田林有年以永，清修好古、有志好學者也。家貧母老，以鄉貢進士起家，領教蕭山，嗣補予廣之東莞，來從予遊者數年矣。予未始一言以及古人造道之妙，非靳之也，誠懼夫學非自得，則徒益口耳，亦姑待其徐徐悟入耳。今以九載秩滿北上，其學徒林子逢、陸宗政輩干文以贈。先是，

〔一〕行矣而不著習矣而不察，《孟子・盡心上》作「行之而不著焉，習矣而不察焉」。

以永以新刻《正學楷梯》遺予，予深懼其自畫，弗等而上之以求之六籍四子，以契之吾心，探淵源，修大業，而惟區區他岐之是惑也，聊以一言破之。

衛生備用序

昔人云：「達則爲良相，不達則爲良醫。」此非急於濟人者不能爲是言也。觀唐陸宣公相德宗朝，竭忠盡瘁於艱虞險阻之際，及貶忠州，日惟閉閤輯方書爲事，其濟人一念，曾不以窮達間，可謂急矣。故竊嘗嘆曰：欲濟人者，舍相，孰與醫邪？苟惟志於富貴聲利而已矣者，則相醫貴賤顯晦之不敵，不啻如霄壤之不侔，尚肯去彼而願此也哉？雖然，相之良固難，而稱良醫於一世亦不易也已。苟非洞明天地造化之理、陰陽動静之機、事物消息之變，察夫人表裏虚實與夫南北風氣厚薄之不同，一一如錐畫燭照；昉乎軒岐以暨後世仲景、叔和、東垣、丹溪諸家之書，玩而究之，融會貫通，闖其閫奥、握其肯綮，上下其樞機以爲用，汪洋自得而以時施焉，不妄則固，不及則太過，反生爲殺，變忻娱爲憂戚於分毫俄傾間，是何異於非相誤人國者哉？信乎，醫之良之難也！成化初，以醫術起於江右之金川曰程君超雲，其殆庶幾者乎！一時賢士大夫，如閣老商文毅、郡守張東海輩，往往重之。其後流寓吾嶺南幾三十年，今七袠有九，老且衰矣，惧其術一旦無傳，乃輯其疇昔所斟酌應病經驗諸方、并附小兒痘瘮諸方之簡易者，裒爲一帙，名曰《衛生備用》，將以嘉惠乎後人焉。噫！若君之心，所謂急於濟人者，非耶？予家人以病得君良多，君之書之成也，寔以首序見委。偶憶昔人之云，深嘆君以方技猶能遂夫濟人之志。而走也，徒以章縫遭際、才綿力憊，淪落疾疢之餘，進退無少補，視君有愧多矣，況敢望如古之人乎？因書以復君，并以識予之私云。

同年倡和詩引

成化甲辰放進士榜，予省與者凡十有五人，迄今存者僅七人耳。七人者，爲楊君景昌、吳君美中、羅君公旦、盧君克濬、馬君廷進、葉君子冕，其一人予也。正德丁卯，同年侯官林公粹夫以憲副督學于予省，亟欲爲同年一會也久矣，往往奪于公事。今歲暮秋，公走柬并詩，約十月朔假予第爲會。蓋公以予杜門幾二十年，假予第，所以就予也。是日適予以瘍息病阻，因次韻答公意，欲公改會於崇報寺而姑舍予。公弗諾，第改日，如舊約焉。未幾，公以太夫人憂解官，不日去矣。僉謂公之盛舉雖弗成，而公之盛意與夫佳製固在也，因率衆和，聯書成卷，以爲公行贈。俾予引諸端。嗟乎！人生兩間，事事有數，至于離合戚喜之小小，亦莫不有數存乎其間。如一會易事耳，方既刻日舉矣，而阻於予；復改日矣，而公以憂去，竟不之果焉。矧乎出處顯晦之大者，可逆料邪？由是以觀，吾人不能安分聽命，而屑屑焉運知謀事爲之末，亦多見其惑矣。且公詩有云「相逢不久還相别」，遂成詩讖，豈非數邪？予既僭引，附以和詩二首，繼之公詩，以見倡之之端；而四君之和，以齒次書于後。時克濬在香山，廷進在河源，公雖有詩寄之，其和與否，未之見，故弗獲入焉。

東所先生文集卷之四

記

全節廟碑記

全節廟在新會縣厓山之上。弘治辛亥，今兵部尚書華容劉公大夏爲廣東右布政使時，建以祀宋楊太后者也。于時，廟額祀典未之請也。庚申，僉事武進徐公紘適分巡是邦也，乃疏上，特賜今額，而祀典如祀歷代帝王。于時，新廟碑未之樹也。甲子，左參政慈谿王公綸適分守是邦也，乃屬筆於詡。謹按：后，度宗之淑妃也。當胡兵之入寇也，直擣臨安，一時帝后王臣盡爲俘虜，獨后負其子益王昰與廣王昺航海奔閩。於是，群臣奉昰即帝位，册后爲太后。帝崩，復立昺，奔厓山，依二三大臣陸秀夫輩，卧薪嘗膽，爲宗社恢復圖。既而，胡兵進逼厓山，破之。秀夫知事不可爲也，負帝昺赴海死之，而宋祚遂移矣。后聞之，撫膺大慟，曰：「我間關至此者，爲趙氏一塊肉耳。今無望矣。」亦赴海死焉。惟宋三百年，后妃之賢，前稱高、曹，後稱向、孟，亦可以爲難矣，然皆處常而能正者耳。至於流離患難，卓然能炳大義，一君亡復立一君，君亡而以身徇之。其死也，爲社稷死，爲國家死，爲綱常死，爲謹内外辨華夷死，所謂死有重於泰山者也。其有功於世教也大矣。豈非處變而不失其正者，尤不易乎？是雖丈夫子讀書説道理者，事君則欺其君，相國則賣其國，專城則棄其城，賊至則或閉門、或迎降，甘心臣犬羊而服左衽，平時君以高爵厚禄待之，謂何？一旦視棄其君父如棄弁髦者，蓋亦多矣。顧后蘭然以坤柔之姿，目或不知書而道理或不能出諸口，及乎臨大變，毅然視死如歸，何哉？盍亦求其故乎？蓋體道在率性而已矣，性無不具者也，故以婦人女子之質之美者，往往所行不期與道合而自合，如后之流是已。性昏於蔽者也，故丈夫子而不能率性者，類爲物欲所蔽，故無事則雍容委蛇，談何容易，至於小小得喪利害臨之於前，而不喪志失守者或寡矣，況死生之際乎？欺君賣國之流是已。彼爲禍水、爲牝晨者，又何怪乎？然則，我皇明全節之褒、元祀之饗以爲后待者，宜也，非過也。然自后赴海後二百餘年，而得劉公始建廟；又九年，而得徐公始請祀典；又四年，而得王公始徵文勒之金石。歲閲七世，事更三賢，然後全節之廟貌俎豆、后之流風遺烈，殆與厓山俱高、海水俱長矣。詡近輯《厓山新志》，載后事亦既詳矣。復懼夫世之昧者，或不知率性以爲道也，僭爲之辭，以爲王公復，俾刻之。系以詩曰：「朗朗性天，古謂明德。明德克明，不懼不惑。有龍失所，嗟日之昃。星月從之，崩于海國。謀豈弗臧，大命已革。視死如蜕，就義如食。以扶天常，以輔人極。以尊中國，以攘夷狄。堂堂丈夫，破釜失色。孰能死生，從容擁翟。高曹向孟，光昭史册。於赫后烈，允邁前䕶。二百餘祼，貞風淪落。有嚴廟貌，臣大夏作。有隆祀典，臣紘建白。帝曰俞哉，宜屋宜秩。歲饗太牢，廟褒全節。臣綸揚化，用播金石。臣詡操觚，敬述帝則。先烈煌煌，聖教赫赫。五嶺以南，雷厲風廓。碑于廟門，垂示千億。」

宋陸丞相祠記

宋陸丞相祠在潮郡韓山之上，郡守葉侯元玉創以祀宋丞相陸公秀夫者也。公負幼帝沉于厓海，而廟食于厓山，宜矣。曷爲祀之潮邪？考之《一統志》及《潮志》，皆云公墓在郡南海嶼上；而《續綱目》載公與陳宜中議不合，宜中使言者劾，謫于潮，則潮爲公體魄所藏之地而過化之邦也。今天下凡名宦流寓之賢，例得祀于其土，况公一代忠貞？論者謂其尊中國、排左衽，立天地之常經，明春秋之大義，其有功於世道也甚大，則其人品事功已超然在潮之名宦流寓諸賢之表矣，此而弗祀，祀而弗專，非缺典與？先是，詡修《厓山新志》也，考公事蹟，知公墓在潮，墓碑猶存，而近年始失之也，爲之嘆恨不自勝，因走書侯爲物色之。既而侯復詡書，訪公墓在澳山北青徑口，第碑失漫不可尋。儻卒不可尋也，就其地封而表之，更於韓山韓文公祠左構一祠以專祀之焉。詡得書，又爲之喜不自勝，報侯書曰：「執事之舉，甚盛舉也。」今年春二月晦，侯走書幣，告詡曰：「祠成矣，請記之。」夫公之忠貞明白正大昭如日星，崇祀而表章之，使世之委質而爲人臣者，知死生患難如許而不忍少負，況當治平無事之時，享大爵、蒙厚禄，無死生患難之迫而忍欺其君乎？推類而盡之，凡爲人子弟者，不忍負其父兄，爲人妻妾者，不忍負其夫主，而爲門徒與友者，不忍負其師與所交也。教立乎此，風行乎彼，三綱正、九法修、風俗厚、世道隆矣。其視徒敝精神於刀筆筐篋者，其功效大小相去何如也？夫豈但慰忠魂於地下、報功德於當時而已哉？韓山去郡城一里許，山之椒有三峰，列若三台，秀拔翔舞如飛鳳，長江走其下，蒼松古檜蔚然，掩映江波，景象明媚，千態萬狀，蓋潮形勝之絶也。侯因卜祠地，一日肩輿徑登焉，徘徊顧瞻之頃，遂得其勝於山之左峰之麓，若有神相之者。構祠凡三間，前廟後寢，高低深廣，規制靡不稱。堦之下鑿池一區，植蓮其中。周遭繚以崇垣，當户則綽楔巍然，以限内外。是祠也，背山面水，紫紆環遶引領間，與韓祠聯輝並麗，宛若在霄漢之上。於戲！以寥寥二百餘年之遺烈而顯于一旦，殆天所以報忠貞，特假手於侯邪？是不可以無記矣。若夫公之忠貞始末，載在信史及《厓山新志》者已暴暴，可得而略也。侯以宏才治大郡，舉目無全牛，而英風偉格隱然可任世道之責，故能大有爲如是。祠經營於歲甲子，踰年而始成，蓋事事未始苟故也。

宋包孝肅公新祠記

端之名宦，每以宋包孝肅公爲首稱；而公之善政，每以直清爲之本，觀其自賦詩云「清心爲治本，直道是身謀」可知已。按史：公立朝剛毅，貴戚宦官爲之斂手。平居無私書，故人親黨皆絶之，至比其笑爲黄河清，又相目爲閻羅包老，雖古之遺直弗過也。雖貴，自奉如布衣時。遺戒後胤，出仕有犯贓者，生不得歸本家，死不得祔祖葬，雖古之直清弗過也。故其守端也，往往以直清著。端土産硯，前守緣貢率取數十倍以遺權貴；公命製者才足貢數，若是者，本乎直中來也。坐是，地方千里，民樂耕桑；水蛋山傜，趨庭嚮化。端之父老，至今傳頌之不衰。祭法曰：「法施於民，則祀之。」若公者，非其人邪？端舊有祠以祀公，在郡署儀門之左，宋熙寧中郡守蔣續所建，其後修廢不一。入皇明混一之九十年，爲成化乙酉，知郡事黄瑜始疏請入祀典，歲春秋享以少牢之禮；又四十年，爲弘治甲子，總督都憲潘公以公祠限郡署内，凡東西往來、若貴若賤，瞻謁之弗便也，乃委郡守黄侯，於郡署外之西百步許，相地而改祠焉，僉憲許公實贊襄之。告成之日，黄侯徵詡文以記。詡竊嘗嘆夫今昔生民之不幸也，莫甚於官吏之貪，亦莫甚於刑政之弗平。蓋貪，則朘民之膏血而凋瘁其本矣；政刑弗平，則賦斂繁而下疲於供應，法網密而民無所措手足矣。生意沮而廉耻喪，禮讓衰而盜賊起。職此之由也，又竊嘗怪夫世之貪夫佞士，事苞苴，總貨實，脂韋澳涊，趨炎附勢，以争憐取寵爲得計。縱富敵郿塢，貴窮公卿，不旋踵禍敗相繼，卒之身名俱喪，間有幸而免者，亦貽殃子孫。其視公之清風直道，浩然天地之間，尸祝俎豆，名流百世之遠，得失相去奚啻霄壤哉？然則，救其敝當若何？是故惟直可以塞邪枉之路，惟清可以澄貪濁之源。昔舜命伯夷爲秩宗曰：「直哉惟清。」夫交神明且不能外是而他求焉，則以之而正心治人，孰謂不可哉？此我都憲公注意乎是祠之遷也，豈但寓懷賢之意而已邪？將使食禄與夫宦遊而道出于兹土者，造祠登拜之頃，覩廟貌之煥然，瞻遺像之如在，肅然興其仰止之思，勃然篤其思齊之志，殆見播清風而秉直道者，濟濟乎其人也，則於世道端有賴焉。都憲公名蕃，字庭芳，崇德人。僉憲公名晅，字景輝，開化人。黄侯名顒，字伯望，莆田人。觀其好尚，可以知其政已。祠經始於是年正月六日，落成則四月朔日也。

重建廣東布政使司正堂記

事有不當改作而妄改作者，謂之率易。率易者厲民。此魯人爲長府，所以見譏於閔子騫也。事有當改作而憚於改作者，謂之廢弛。廢弛者無政。此周單子聘楚，過陳，見其道穢，川澤不陂梁，客至不授館，羈旅無所寓，遂知其必亡也。夫道路川澤館寓且然，而況於公宇之大者乎？廣東，大藩省也；省堂，大公宇也。十府七州六十三縣暨衛所官吏兵民，與夫外夷入貢道經者，咸奔走而聽號令，皇化於是乎宣布、政教於是乎敷施焉者也。苟弗尊弗嚴，曷以肅具瞻而示表儀也哉？按志：唐宋清海節度聽事之遺址也。自宋紹聖四年經略使柯述、開慶元年都總管謝子强、勝國泰定十三年都元帥忻都嗣建之；後至我皇明混一之六年，爲洪武癸丑，參知政事汪廣洋重建，名堂以宣德；今沿之又九十有六年，爲成化辛卯，左布政使張瑄重修；又三十有四年，爲弘治辛酉，欒清章公玄應來爲右布政使，見龍亭、廣豐二庫及堂廡公署梁圮棟摧者，亦既白于總督都御史大司馬劉公，以次修葺之矣。明年壬戌，吴興陸公珩來爲左布政使。又明年癸亥春夏之交，風雷大作，堂之梁棟欹傾殆不可支，二公嘆曰：「此而憚改作焉，如廢弛何？」爰諗同寅諸公，左參政慈谿王公綸、左參議崑山管公琪、宜山馮公良輔、臨海董公榮期，撤而新之，諸公既咸曰「宜」。遂以白干總督都御史潘公、巡按御史石公、華公、聶公，又咸曰「宜」。輿論既協，乃檄廣州府知府袁燁，番禺、南海二縣知縣趙繼宗、石邦柱，計工限程卜日而從事焉。督工則經歷張文韜、都事龔全名也。經始於是年春三月壬辰，告成於明年甲子秋八月戊寅。材以緡計者凡一千五百有奇，力以緡計者凡七百。材需於官而下不致困，力用於募而民不告勞。無率易，無廢弛，亟徐中度，譏慝不作。若是者，非處之有道，其能然乎？蓋不直不憚於改作而已也。堂成，諸公屬記於詡。詡以譾陋辭，不獲。乃復於諸公曰：「堂之尊嚴，所以肅具瞻而示表儀者，至矣。雖然，此特治其表也。端本澄源，以出治化，所以治其裏也。諸公發跡賢科，歷官中外，以至今職，素所抱負者，古人明德新民之學，心得而身體之久矣。一旦遭逢大用則大行，小用則小行，亦舉而措之耳。相與坐乎一堂之上，金舂玉映，瞻視必尊，衣冠必正，言論必根，動止必則；巍然鎮静，羅浮不足以爲重，汪然德量，南溟不足以爲闊，則吾心吾身何尊嚴如之！于以宣布皇化而敷施政教，俾風俗淳，人心正，兵戈偃，俎豆修，挈嶺海全廣而置之仁義禮樂，則治化何尊嚴如之！表裏極其尊嚴，如是則斯邦號爲有道之邦矣。斯時也，詡雖無似，尚當執筆作爲歌頌，以追繼其甘棠羔羊之作，以播嶺海之間，以風動乎嗣諸公之位者焉。」姑即其改作之當并其處之有道者，爲記以竢。

新建崇正書院碑記

天下之政夥矣，第不過關一事、繫一時而已矣。至於學政，教養之地，賢才之所自出，庶政之所由成，以垂千萬世之鴻規焉者也，肆我英宗皇帝專設憲臣以督之；今上皇帝維新庶政，革除冗員，特詔督學官如故，意嚮所注昭如也。顧恒見類以文墨視之，亦獨何哉？廣省諸司公宇罔弗備，獨學政分道缺焉。先是，視事者恒假寓於濂溪書院。然省城三學鼎峙，生徒動以數百計，一遇歲考或大比之秋，書院弗能容，則又假於他所焉。弘治丁巳，僉事莆田宋公端儀始闢書院右隙地爲之，顧湫隘如初。乙丑，副使金陵陳公欽謀之按察使林公，胥白于總督都御史潘公、巡按御史陳公，擴之，易爲南嚮，然起而中輟也。正德丁卯，侯官林公以副使奉璽書專督學政于廣，白于總督御史陳公、巡按御史陳公，奉遷周元公祠于北祠之。廟貌亭廡，視前特壯偉。祠左水舊自北迤邐而來，至是匯爲長陂；陂南鎖以石橋，作亭其中，名曰愛蓮，曲彴以度，俱如書院嚮。重構爲門，南臨通衢，綽楔巍然，榜曰總理學政；次建儀門，榜曰端範。門之外爲兩廊，左曰整齊，右曰嚴肅，俾師生將入者於此修容焉。中建堂曰崇正，正壁大書《太極圖説》，則視事之所也。兩廂東曰明善，西曰復初，二齋屹然相向，則諸生肄業之所也。齋下東曰經籍庫，西曰印作房，則儲書與夫工執藝事之所也。堂之東西翼以兩軒，東則誦讀，西則存養，軒前各鑿方池，蓄水植蓮，薰風南來，清香作陣可掬；金鱗戢戢，時游泳其中。後建堂曰存省，書義禹圖書於壁端。堂之兩房，東曰定性，西曰完神。堂側空地兩亭翼然，東曰惺心，西曰觀物，各環植奇花異木數本，芬芳交陰可憩。堂之兩廂，左曰朵頤，右曰考祥。堂後二室，曰鶴巢、曰蚓竅，則燕寢視履暨庖湢之所也。周遭牡蠣爲垣，甃以石基。書院東別創一門，榜曰先賢過化，闢道如矢，直越祠門，以便四方之瞻謁者。地廣總若干丈尺，其袤則與臬司一也。凡布置無一弗經畫於公，而題榜咸出公手，規模宏闊，制度精緻，兼之景致清麗可人，視諸司公宇誠特出矣。入者與過者，望之咸嘖嘖羨未嘗有也，則曰：「異時遺構，土木狼籍相枕風日中，匪公才宏，而果能因舊爲新、起積年之仆於一旦如是哉？」既而，絳帳宏開，徒席鱗次，士遠近響臻，旦夕魚貫進，鵠立函丈下，以領公之訓誨，則又曰：「道衰教馳，士習瀾倒乎學海也久矣。先之覺之而勤以率之，卒起頹振污，舍公其誰宜是？」宜有魁磊傑出之士，哀然奮迅而起，主静無欲以究元公之實學，異日達則爲名臣，卓然樹立以措斯世於隆平；即舍焉亦不失爲鴻儒，以傳道立教任諸己。於戲！學政所關繫，其大如此，誠非一事一時之可擬焉者矣。然則，兹舉也寧獨示觀美焉而已哉？公名廷玉，字粹夫，以陝西鄉薦第一人計偕，與詡同登甲辰進士第。爲都給事中時，以直言謫判海州，尋遷知茶陵州，繼遷僉江西憲事，所至有偉績，而督學于吾廣也，尤著作人之效。是役也，以今年戊辰秋九月丁酉落成。三學師生謁詡文以紀公成績，詡峻謝至于再三，弗獲。乃敢論述學政所關繫之大，并書院興造次第，爲後來告。其工費之瑣瑣皆略去。繫以詩曰：皇明稽古，庠序徧設兮。英廟崇文，督之司臬兮。今上嗣統，官無冗員兮。於斯督學，有詔如前兮。維粤文明，海瀕鄒魯兮。賢哲挺生，翼我皇祚兮。百司棋布，書院嗣興兮。或作或輟，績用弗成兮。蹇蹇諫臣，聿來何莫兮。匪亟匪徐，百廢具舉兮。綽楔建宇，美奂美輪兮。道重維嶽，徒聚如雲兮。尊賢諸秀，治本攸繫兮。豈崇土木，仁義爲麗兮。有開必先，多士濟濟兮。爲國棟梁，資于世世兮。八紘熙皞，公志斯信兮。名繫朱鳥，播于無垠兮。

德慶州重修廟學記

我國家建學以教育天下之英才，三年一開科以取之。其教之也，既降賜六經、四書、性理暨當代典章、訓誥，使之究古今，以爲格致之地；而又下明詔、置卧碑，使之收斂入規矩，以從事乎誠正修齊之用。而其育之也，厚廩錢、優徭役，使之無仰事俯育之累。懼其蒙之未啟也，導之以師儒；懼其怠之或生也，董之以風憲。學成，然後拔之以科目，而責以收治平之效焉。其法可謂備矣。但科目與學校並興，士進取是急，於是乎功利得喪之念横其中，窮歲月於鉛槧，敝精神於佔畢；而導之董之者，又或徒以課倣是專焉。由是，所習徒資入耳出口，爲鉤章棘句、誇多鬭靡之末技，而茫然無得於心；及其致用也，往往所行背所學。嗚呼！是豈教法端使然哉？德慶之爲州也，據東西兩藩水陸之衝，傜賊出入之所經。官司軍旅，舟航上下，往來絡繹弗絶；需征旁午，民疲於供應，士困於送迎，使有司與教者非其人，欲收作人之效，得乎？雖然，學校不修，提調隳厥任，藏修遊息無所於容，有司之責也；表率無躬行之實，訓誨不本於心得，教者之責也。至於學校修矣，提調有其方矣，表率訓誨得其人矣，而士習不端、儒風弗丕振於當時，是寧獨有司與教者之責哉？州廟學自知州南寧管君淳一修之後，垂二十年，寥寥莫有繼之者，陋亦甚矣。弘治戊午，滇南楊君棨來知州事，始一再修焉。上自文廟、戟門、兩廡、泮池，下至雲章閣、明倫堂、三齋與夫庖廩廨舍之所，榱桷棖闑之腐撓者，易以堅壯；丹碧黝堊之漫漶者，加以焕飾，爛然映於香山錦水之間矣。經始於某年月日，以某年月日告成。州判陳君純、學正莊君世瑞，念楊君之功不可没也，乃走生員劉環、陳煉致書幣徵記於余。余時卧病丘園，文墨荒落久矣，殊未能應也。未幾，楊君訃至，余甚愴焉。蓋余誤爲楊君所重，記而不作，匪爲孤陳、莊二君之雅託，而於死者，不亦負乎？灑淚西風，强爲捉筆，而僭以國家建學之本意引諸記端，姑爲來歌來遊者進修之少助云爾。

南海縣廟學重修記

南海縣廟學重修既成，知縣事楊君純暨教學事周君讚具狀來徵予文以記。予不能謝，因執狀讀而嘆曰：「夫爲政，在得人而已矣。得其人則百廢具舉，治可興而教可成焉。若夫爲學，舍身心外皆非古人所謂學也。所謂身心者，内則端其本，復能勵行守義以方乎外，而弗苟焉徇物以爲名利規者也。本端而行義立，異日出而用世，必能建功立業，以康濟我生民；即弗用，亦能安素履、崇節誼，以維持乎名教。學校中而出斯人焉，學校之光也。否則，或用或不用，其有大而貽天下之人之害，小而嫁禍乎一鄉一邑一邦者。出是鄉而辱是鄉，是邑是邦産之，而爲是邑是邦玷，況作養於學校中者乎？」南海，古郡名也，至隋開皇始以名縣。而學則附于郡學之東廡，宋嘉祐徙建于縣東，勝國至元始徙今所，中間興廢不一。自成化壬辰，總督右督御史韓公雍一修之後，間雖有所興作，不過時加補葺支吾歲月而已矣。肆廟貌日就頹圮壞陋，而學宮特甚焉，彼有司過睨，莫或之恤，亦獨何哉？弘治乙丑，楊君以湖南癸卯科第一人起家，領今職。謁廟畢，周視學宮，慨然以革舊圖新爲我任，乃遍白于上司。時按察副使陳公欽奉璽書來董教事，即偕左布政使徐公節、按察使林公廷選輩造學按眡，顧謂君曰：「是舉不可緩也。」君遂卜日興工。先殿廡，次講堂，次齋舍，次尊經閣。始於是年之冬，而以明年正德改元丙寅之冬釋菜，告厥成功焉。董斯役者，河泊所官廖璽也。夫以正道興作，雖張而匪妄；而役民以逸道者，雖勞弗之怨也。況工力既取於募傭，費以緡計動一千二百有奇，又悉公帑出焉，而一力一絲弗以病民，非其才力過人而知急先務，安能首起三十有五年之廢於一旦，將以興治而成教易易如是哉？縣令得人，學校修舉，士宜知所激勵，以求古人之所謂學，將無俟乎外。而走也猥以膚見臆説述之記者，多見其贅爾。

懷集縣儒學記

懷集縣廟學既聿新，縣令區君昌走使幣、出縣博李君翰手狀，白予請記。按狀：「懷集，古南海郡屬，勝國屬賀州，今隸蒼梧，號爲富庶。獨廟學在縣治東，壞于歲久，至緝茅編竹以障風雨，爲弗稱。先是，長民者才困於簿書，識短於教化，視此端本澄源之地，漫不能少加之意，爲可嘅嘆。自我區侯來令玆邑，既視篆之三日，謁廟徘徊顧瞻，仰首太息，因勵然以爲己任矣。未幾，政令大行，上下敬服，爲諸邑令首稱，乃大肆力于廟學。甲寅秋七月，公廨成；乙卯秋九月，明倫堂成；丙辰秋七月，欞星門成；戊午春正月，大成殿成。於是乎廟貌之煒煌，學制之整備，聖賢像位之嚴飾，俾夫往來部使者與凡士庶，得以俱瞻而起敬；師弟子，得以冠裳從容、磬折談道於廣廈細氈之上。非吾侯之才之識之卓有以出於尋常，其克就此偉功哉？固宜穹碑大刻，以昭示將來，而文字之託，敢以累執事。」予閱狀既嘆曰：「嗟乎！學所以求造乎聖域也。《中庸》所謂『博學』、『審問』、『慎思』、『明辨』、『篤行』者，皆所以爲學也。所謂『上天之載，無聲無臭』者，則聖域也。然自夢楹之後，承其正緒，僅孟氏一人而已。孟氏之後，又寂寥數千載，僅周氏、程氏二三人而已。然去聖人已爲有間，此固元氣之難會，而亦豈非講學不究之罪乎？況奪之以辭章、記誦、功利之紛紛乎？人性本天道，學得其門，無遠弗至。所謂『我欲仁，斯仁至』者，吾敢薄望於吾人哉？所願爲師者知所以教，爲弟子者知所以學，爲首風化者又知所以躬行以表率之。吾見懷集其鄒魯乎，奚富庶之足云。」予重區君之舉，輒敢論其大者。

揭陽縣儒學尊經閣記

清流葉侯廷璽守潮之六年，威德旁孚，令行禁止，風俗將丕變矣。尋以直道忤當時解官去，予方憮然爲世道惜之。未幾，揭陽邑令滇南董君琰、邑博義烏虞君鈊，緘書幣，走生員徐珩、林球，不遠千里，以侯在郡時所刱邑學尊經閣記文見屬。予憶往時嘗爲兹學射圃記矣，拙技不欲多呈。既而念侯已去郡，而區區憮然之意，庶因之以少泄也，亟爲二生諾焉。先是，邑學無有所謂尊經閣者也，凡當代聖謨、古聖賢之經傳、百家子史咸儲之庫櫝中，歲久，蒸濕糜爛殆過半矣。弘治甲子秋，侯按部至邑，始謀創閣，將購四方遺書貯其中，以便諸士子游息藏修之暇而繙閱焉。於是乎畫爲規制，授諸義官邢龍，俾募工市材爲之。時郡佐芮君鑑、王君傑、唐君儼、梁君舉，邑佐林君楷、熊君致諒，邑幕陳君世顯，與今董君、虞君，莫不一倡十和，從容以贊厥美。於戲！懿哉！閣經始於是歲之冬十一月，至明年乙丑春二月乃告成焉。高明軒豁，雄蓋一邑，過者莫不拭目，誠偉觀也。入秋八月，而二生至，時侯去郡數月矣。嗟乎！經也者，聖人載道之書也。至于百家子史，言雖各有所主，未有不以經爲宗焉者也。然則，獨經云者，正所以示尊之之意，而使學者知所宗也。抑予聞之，道原乎天命，而具於在我之方寸，得之者，匹夫匹婦胸中自有全經。則文字之經，第糟粕也，固也。但人生幼蒙，既長又爲物欲所斲喪，雖以老師宿儒、皓首窮經者，猶有莫知其大義之所在，而況於得胸中之全經乎？則文字之經，誠弗可以弗之尊也。所憂學者溺意筌蹄、誦言忘味，則不免玩物喪志，如先正之所誚云爾。夫大扣則鳴。予既以是答二生，使歸諸邑令博，刻石以爲諸士子告矣。而事不忘本，則侯之出處因併以及之。

揭陽縣儒學射圃記

禮文之事輟而弗講，則恭讓缺而争訟興，雖以知力者起而治之，無補於尺寸也已。射也者，禮文之本而恭讓之飾也。古之庠序，弦誦之餘，輒講禮射，雖曰觀德，而如堵之盛漸以去，則勸沮之法具矣；而文事武備兼資焉，異時出而爲世用者，皆將相才也，則作人之法具矣。是故孔子觀於鄉射，而嘆王道之易易。而今之學校倣古制，類有射圃之設，有由然也。潮爲海濱鄒魯，故揭陽後學地之有射圃，舊矣。南接明倫堂後，北抵北郊官溝，東僯民居，西連古溝水。廣四十餘步，袤一百八十餘步。歲久，寖爲僯居民豪滑者侵去蓋十有六七矣。前吏于兹土者，例視禮文之事爲迂闊，而力又弗足以振之也，往往置而弗問，識者憾焉。弘治庚申，清流葉侯廷璽以户部員外郎出守是郡，一呼吸間，善者彰而惡者癉，利者興而弊者革，而於禮文之事尤所加意焉。比以公事按行兹邑，首謁廟視學，欲率師生舉行古鄉射之禮。諸生有以前弊告者，侯奮然嘆曰：「有是哉？」遂躬詣斯地，按圖考志，執前之豪猾者，示以法與義之所不合者，不待威之以三木，而悉歸所侵地。蓋侯恩信在人心者久矣。於是乎數十年侵地，復於一旦。於戲！厥功偉矣哉！廼授邑令王君愷以規制，俾之鳩工掄材，填凹剗凸，甃石爲階，築土爲垣。而創亭其中，榜曰觀德。左右爲廂房，而弓矢禮器悉備焉。又以其餘力，嗣創尊經閣，及成前人未成之緒者，不一而足，而揭陽學之廟貌宫墻，遂巍然焕然爲一郡甲矣。亭成，將責邑令率師徒以時習禮射其中，使斯人復覩三代之盛於數千載下。賈生有云：「移風易俗，使天下回心而鄉道，類非俗吏所能。」豈不信哉？雖然，禮必待人而後行也。故曰：苟非其人，道不虚行。蓋必有和敬以爲志正之本，審問以爲體直之用，使器與人而相濟，而又有任表率教化之責者，殆見恭讓興，争訟息，風俗日淳，人心日厚矣。出將入相之才，駸駸乎拔茅連茹而起，人材於是乎日盛矣。則今日之舉，不但寓存羊之意，而卒收乎化民作人之實效焉，豈特名數禮文之事而已哉？由兹一邑以風一郡，由一郡以風一省，由一省以及天下，德澤之被蓋有自矣。落成之日，王君走生員謝天璵、林嵩來請記，余因得論禮文之所關繫之大者如此。侯名元玉，成化辛丑進士。曩余忝在寅末，熟其爲人，蓋博大而剛毅者，故其宦轍所至，輒著卓異之政云。

新寧縣修城記

古聖人重門擊柝，以警暴客，蓋取諸豫也。故曰「王公設險以守其國」，又曰「凡事豫則立」，是矣。夫天有山河之險，聖人任參贊之責，而城隍之險設焉。後世建都置邑以之矣。是故，莒以城惡而失三都，孫叔敖築沂不愆于素，君子韙之。《春秋》書城二十有九，譏辭過半。噫！亦難矣哉！新寧瀕海僻曠，羣不逞之徒易於嘯聚。弘治戊午，始割新會縣地爲之。于時庶事草昧，城廓之類率多卑陋，弗之稱。正德辛未，監察御史周公奉命巡按廣東，仲冬駐節斯邑，目擊其弊，爰檄有司首築城濬隍，次學校，次樵樓，次公署，咸撤[一]而新之。城周圍五百三十丈，高一丈一尺，厚加一尺，比舊制殊增矣。城東門外，復築長堤以捍水患焉。攝縣事通判朱君源寔共厥事，乃取更定板籍民税所輸者而用之。百工併力，勿亟勿徐，胥讒弗作。一旦百雉言言，煥然郁乎！聳百里之具瞻，其豫爲斯民之地也至矣。質諸《春秋》，可以無譏也。先是，知府鍾侯文傑寔承總督右都御史林公廷選委以斯任，百凡規畫，悉如前式，左右布政使羅公榮、歐陽公旦、分守左參政方公良節、分巡僉事劉公伯秀，咸與聞焉。功甫就，遣教諭鄭乾清齎書幣徵予文爲之記。予惟設城隍以保障斯民，固也，然特外焉者耳，不有内焉者乎？昔人謂辨尊卑分貴賤，與夫等威物采之別異，所以絶陵僭限隔上下，至于禮義廉耻，天下不可一日廢焉者也。有司以之率下，下以之遵行焉，則元氣固，外患殄。城隍雖設，猶弗設也。不爾，百廢隳，四維解，人心

[一] 撤，原作「撒」，據文意改。

去矣，雖有金湯，孰與守乎？嗟乎！保障民命，非爲之豫也，倉卒且無備焉，矧保障人心，可以旦夕覬乎？此我公平時之所以用心而致力者，而世之知者鮮焉。公名謨，字襄虞，浙之錢塘人。雄才大志，凡所猷爲，率關王體國是。其在一方，隱然長城。故其治狀不可枚舉，予特因新城一事發之以例其餘云爾。至于功費力役暨督工姓名，無大關繫，俾刻于碑陰云。

東所先生文集卷之五

記

大雅堂碑記

近世臣忠婦貞萃于一門，若信州之謝公枋得爲宋亡死，而其妻李爲其夫下獄死；厥後，饒州之胡公振祖爲元禦寇死，而其妻趙爲其夫保孤存宗祀而以節終其身焉。嗟乎！謝公，宋忠臣也，故後得恤典祠饗；胡公，勝國義士也，故天昌其後，爲之顯揚歌頌，不一而足，一發于其子節孫匯東，二發于其六世孫韶，殆亦無異乎恤典祠饗也已。蓋二公與厥配所遭不同，而其爲烈也稍異，然究其心則一而已矣。是故易地則皆然焉。按傳：當元季四方盜起，公糾義兵應元帥韓邦彥，累功，擢爲饒州路判，不幸爲賊所縛，猶能手刃其醜數人，臨死奮罵不輟，其妻趙携孤叔儀間關歸于其鄉，守節以壽終。時鄉人慕之，共名其所居之堂曰大雅。世之名筆爲文爲詩所以發揮其事者，殆盡矣。韶字大聲，今爲福建左布政使，與予進士同年，復俾予一言，予弗能謝也。

因爲之碑，繫之以辭。其辭曰：饒城之北兮，有堂巋然。揭名大雅兮，忠節之全。胡元之季兮，四海鼎沸。躬率義兵兮，爲賊所斃。未斃□降兮，手刃其醜。白刃加項兮，詈弗絶口。有懿厥配兮，挈孤逃生。辟纑截髮兮，卒保于成。程嬰之心兮，柏舟之節。皇矣降衷兮，古今一轍。卓哉大雅兮，惟節惟忠。生死患難兮，一何從容。匡山峻極兮，鄱水潺湲。產兹人英兮，立世大閑。克肖有孫兮，遠紹芳躅。掇拾遺墨兮，聯珠積玉。所冀後胤兮，克覩先光。濬導世澤兮，源深流長。

白沙陳先生祠祭田記

甚矣！按治高公之爲治之識大體也。西巡至新會縣，首命有司創白沙先生祠，次修嘉會樓，于以昌吾道、表先哲，栽培國脉，毆嶺海之民而風動之，爲世道計也。或曰：「迂乎！」詡則諭之曰：「盍觀之武王得天下之初乎，訪于箕子，式商容閭，封比干墓，其大體如是而已矣。是故大而天下，次而一省，又次而一州一邑，治道能外是乎？甚矣！按治高公之爲治之識大體也。」夫當世衰道散之餘，大教瀾倒乎紛拏功利之場，士方驅逐於事爲之末，漫弗究植教作人之本，甚至脂韋澳涊、狐媚鼠竊、觀望時好以爲趨避之地者，皆是也。能心公之心、爲公之事者，誰乎？先生祠落成矣，入其祠者見屋宇蔽虧，儀容如在，又僉以爲不有祭田，則禴祀蒸嘗無所於取給，亦缺典也。於是，昔在先生之門之後裔遠近輻湊，各願割其産以充者，甚衆。公曰：「美則美矣，未也。」復命有司估值以鬻之如時例，凡若干畝焉，杜後訟也。于時，分守大參黄公顒、分巡僉憲王公弘，咸協相厥事。王公以公意俾郡別駕陳君璜來徵詡文爲之記。詡也，先生之門人也，誼弗容遜避，遂記之，而首述公之識治體，以爲今之俗吏勵焉。公名公韶，字太和，蜀之内江人。以弘治乙丑名進士出理撫州，治有狀，擢居近侍。才識超卓，決斷如流，兼之正氣凜凜而不露圭角，蓋濟時之偉器云。至若田之畝數、坵段界至與夫所鬻人之氏名，悉俾刻于碑陰。

嘉會樓記

嘉會樓在新會縣東南三十里許，地名白沙之江湄。樓爲重斯道而作者也，而其名則取〔《易》〕〔一〕「嘉會足以合禮」之義也。白沙先生倡道東南，幾四十年矣，天下之士聞風景從，而凡東西往來與夫部使者過必謁焉，村落茅茨土棟至無所容。弘治甲寅夏六月，巡按廣東監察御史南昌熊君成章始謀剏樓爲衣冠盍簪之地。會藩憲郡守諸公，議甫定，即檄通判顧文時來卜

〔一〕易，原缺，據《白沙先生遺跡》、《陳獻章集》補。

地〔一〕，百工力作，浹數月乃告成焉。地凡若干畝，樓凡若干楹，高若干丈，廣如之〔二〕。南望厓山大忠諸祠，西接圭峰玉臺寺，北聯丁令祠、貞節橋，東控江門。山環水遶，足稱名勝云。惟斯道之在人心，猶日月之麗天、川嶽之列地也。無日月則萬古冥冥矣，無川嶽則化育功虧矣。人心一失，則貿貿焉將焉所底止也〔三〕？然倡之者，難乎其人焉。苟非心領神會，有以默契數千載不絶如线之傳，則窮理之功有慊、涵養之力莫施。無論死生之變，禍福之大，雖功利得喪絲毫不斷，物我是非一念猶存，以是誣己欺人，彼愚懵或信矣〔四〕，賢知者信之乎？在人者或感矣，天地鬼神感之乎？《中庸》曰：「誠之不可揜，如此夫！」又曰：「誠者，非自成己而已也，所以成物也。」世道幸而有真儒者作焉，如日月，如川嶽，開迷育物之功大矣，見之者得不謂之嘉會乎？嘅自唐虞三代，君臣以斯道嘉會於上，而道寓於政者，天也；如洙泗如濂洛，師友以斯道嘉會於下，而道寓於言者，亦天也。又寂寥數百年，始得先生者爲之倡焉，雖不見用於時，而泝流窮源、指示來學，異時出爲世用者，安知非其人也？然則，先生所遇獨非天乎？樓成，徵記於定山莊

〔一〕時，《白沙先生遺跡》、《陳獻章集》作「特」。
〔二〕丈廣如之，原缺，據《白沙先生遺跡》、《陳獻章集》補。
〔三〕將，《白沙先生遺跡》、《陳獻章集》作「亦」。
〔四〕彼，《白沙先生遺跡》、《陳獻章集》作「將」。

先生，未幾而定山先生隨以物故矣。穹碑卧荆棘中，殆二十年〔二〕。弘治癸亥，吉水羅君惟升以進士來知縣事，不勝羹墻之思，且念樓記久不樹，無以紀前功而啟嗣修也，以詡一日在先生門下者，屬記之。夫樓之剏不剏，記不記，烏足以繫斯道之加損也哉？所謂在人心者，亦必有因而見，不可少也。故曰樓爲重斯道而作者也。嗚呼！先生往矣，傳其道者見之聞之，世豈無人？而散處四方亦已久矣。獨斯樓之在白沙，巋然如魯靈光之存。千載之下，過闕里而起敬、味昌歜而致思者，亦必有感於斯乎！羅君名僑，爲人惇信，治邑綽著廉能之譽云。

觀風亭記

觀風亭者，僉廣東按察司事徐君朝文以是歲出按嶺南時所剏者也。先是，嶺南道之西偏有隙地焉，廣袤僅二十丈許，垣頹廢傾，荒穢弗治，地界漸爲惡民所侵，人畜交跡其間，而莫知之者久矣。君按道視事之餘，見之，嘆曰：「耳目所不逮者，宜何如哉？」於是乎正其故界，葺其傾頹，芟其荒穢，畚土崇基，因修理之。遺材構亭其上，凡若干楹，面敞後實，旁啟以牕，玲瓏洞達。

〔二〕樓成徵記於定山莊先生未幾而定山先生隨以物故矣穹碑卧荆棘中殆二十年，《白沙先生遺跡》、《陳獻章集》作「今刑部侍郎白洲李先生，時爲廣東按察使，徵記於定山莊先生。記未成而白洲遷官去，定山尋亦物故矣。穹碑卧荆棘中，殆十年」。

前臨以池，則因出土坎地而爲之者也。亭成，扁之曰觀風，而索記於予。予不可以無應也。夫大塊噫氣而爲風雨也者，無形而被物甚遠，蓋有不疾而速、不行而至之妙焉。故上之所以教，下之所以化，咸擬之者良有以也。是故教之善者，爲薰風，爲肅風，爲正風；其不然者，爲巫風，爲淫風，爲亂風。化之善者，在士，風爲高風；在民，風爲淳風；在土，風爲和風。其不然者，爲頹風，爲澆風，爲剛柔緩急不一之偏風焉，皆風也。分憲柄者提符肅一道，凡屬吏有巫風、淫風、亂風者，咸得以糾察之；而士風之頹、民風之澆、土風之偏，咸得以裁正之。或察之歌謡，或采之輿論，或契之精神，或運之心術，何往而非觀也哉？夫既觀矣，又必躬行以表率之，至誠以感動之，其弗率者，然后繩之以憲章，威之以三本焉，俾百僚師師咸歸節儉正直之風。俗尚反正，盡革誶語。德色之風，小而《鵲巢》、《騶虞》之德，可以成諸侯之風；大而《關雎》、《麟趾》之化，可以佐王者之風矣。此則君夙夜寅畏，思所以自盡而託意於名亭者，又將望於繼任是責者也。若夫吟伊洛之風，釣桐江之風，非不可貴也，而或非當仕之所急焉者矣。至於批風嘲風、流連光景，無益世教者之所爲，其不見誅於先王，幸矣，君何取焉？君名紘，朝文其字，晉陵人，庚戌進士，由刑部員外郎擢居是職，清謹而抱正氣，不獨文章吏事之絕而已也。

柳慶參將題名記

題名也者，勵世之規也。上焉者無竢乎勵，固也。然而勵焉，恬弗知勸沮，品斯下矣。嗟夫！太樸散而澆風煽。古之人弗獲已，顯刑賞于市朝，救之猶恐弗及。又以爲非永勵也，於是乎國則有史焉，州郡則有志焉。至于題名，極矣。廣右地方，民傜雜處，卉椎之輩往往以劫掠爲生，惟柳、慶二府爲甚焉。肆景泰初，設參將官一員分守其地，坐是故也，迨今六十餘年矣。其歷任之久近，操履之臧否，事功之有無，昭然在人耳目，尚可考也。正德八年，都指揮僉事張君天祐適奏薦領斯任，訓武之餘，檢閱舊牘，得孫某而下凡若干人，懼其名實久而湮没，且無以示勸沮於將來也，命工礱鉅石爲碑，題名其上，而下略疏實履，樹于廳事側焉。乃專書幣徵予文爲之記。予惟孔子「疾没世而名不稱」，名至題石，垂之不朽，亦可稱矣。然而有榮辱焉，賢則榮，不賢則辱矣；有功德則榮，無功德則辱矣。辱不如不名之爲愈也。然自古有殊勳盛德載之國史、列之州郡志而無題名者矣，未有題名之辱而能與於史志者也。夫人莫不好榮而惡辱也，榮辱一時，孰與榮辱乎千百世？所謂題名，將大書深刻于金石，期千百世不朽之規者也。矧夫榮辱一己，不但己也，親之所繫，波及其宗族、鄉黨、妻孥焉，則亦獨何心而必於去榮取辱爲哉？嗣是，來者苟能無竢乎勵而與上焉者伍，予安敢絶望以爲無其人焉？其次奮猛以從事乎所謂賢，所謂功德，雖微史爲之筆，亦必有志載之者矣，何題名之足云？於戲！幸無恬弗知勸沮而甘爲下品之歸哉！張君名祐，天祐其字，别號可蘭，以洛陽年少承世勳之襲。其在柳、慶也，清約嗜學如儒生，而克振武事，謬以師道宗予。今日題名之勵，所謂「先從隗始」者邪？

榮養堂記

上御極之五年冬，既討叛逆誅大憝，即上兩宫徽號，因之覃恩海宇，俾在外文職親老許歸終養，後復補用于時。予郡倅朱君宗本，母賀夫人年七衮矣，宗本性孝，既入官，奉夫人就官邸養；既而夫人歸，時時切望雲之思，發陟屺之浩嘆於屏几之間，殆靡頃刻間焉。既遭逢希闊之典，念報劉之日短也，亟請如例行，而爲當道所留，至再至三，迺今以入覲便道歸省，將請如初志也。飄然如鴻鵠之凌風，浩浩乎！雖鉅魚之縱大壑，未比也。噫！何其快哉！噫！予先母誕予一人，曩侍先公考最北行，因就春試，母子不忍别。既别，在江滸目送歸者，殆無異班生之行也。假令時無先公在，予當棄舟徑返矣。尋下第歸，母時隨先公宦，在途病亟，報至，予拏舟戴星月奔迓，甫至第，母不起矣。夫蚤識其爾，盍依依膝下以盡母齡？既不然矣，終身之痛至于今，不啻銜恤靡至也。然則，君今日之行，可不自慶幸哉？君行矣，必得其請，白髮釋倚門之憂，媥孄恣詐跌之娛。或奉板輿於春花秋月之晨夕，或親滌杯棬以備滫瀡之奉，婉孌承順一日之養。誠哉！不以三公易也。君歸，將名其奉母之堂曰榮養，侈君貺也。同寅別駕陳君朝貢代君求記於予。予方抱無已之恨，目擊君之遭逢，猶擁敗絮見衣狐貉者、餐藜藿而乍聞啖熊掌之美，能無歆慕乎？抑聞之，昔賢燕喜在坐，必孝友之人，而取日虞淵者，君子謂其有所本也。所謂求忠臣於孝子之門是已。然則，君他日顯事功以酬恩，豈外此心而他求哉？遂記以塞陳君之請，爲君行賀而寓予私焉。君名源，徽之歙縣人。以市舶副提舉遷今職，當道往往稱其廉幹云。

四同圖記

正德癸酉孟春上元，吾廣藩大方伯羅志仁，大參黃伯望、方介卿，少參陳敦賢，相與聯鑣呼擁辟道而出，具禮幣造余館，徵四同圖記。茶罷，志仁首離席，告曰：「吾儕八閩産也。福介興犬牙地也。福之古田，僕家在焉。伯望、介卿、敦賢，則居興之莆田，桑梓相望如咫尺，此既鄉里同矣。弘治己酉，僕與敦賢聯鄉榜。明年庚戌，與伯望、介卿同登進士第。敦賢取進士雖後三科，不害其爲起家同也。既而駸歷中外，中間聚散靡常，至于廿有五年，乃先後至，一旦會萃于廣藩，是官守同也。公庭視篆，則凡政事得失、軍民利病，互相可否；退食燕居，則杯酒詩篇、鄉音談吐，情好欵曲綢繆，不啻如金蘭之契，是心德同也。四同之中，同堂尤不易得者。且數符古四岳焉，謂之四同，不亦宜乎？第念聚必有散，同必有異，古今無能逭者，幸敦賢雅善畫，爰託之繪爲四同圖，人各藏一幅，以竢夫萍踪散涣時，展閲斯圖也，恍然千里，如坐一堂。越數十年，一朝夕頃焉，抑俾吾四人之嗣人。跡雖或有顯晦近遠之殊時，展閲斯圖也，往來問遺，講年家、通家好于世世而誼益重，則其爲同也，寧有窮邪？圖成，僉謂宜有記，敢以累吾子。」余曰：君子之出也，爲世道計焉而已矣。夫爲世道計也，則操心也宜同乎正直，而異乎險陂；制行也宜同乎吉士，而異乎憸人；事功也宜同乎道誼，而異乎功利。故曰「與治同道罔不興」，又曰「以同而異」，是也。是故千百世而相感，或閉户、或過門而不入，均不失其爲同也。矧處乎一堂，播寅恭同協之懿，以和民衷，殆見清議同歸，聯芳汗簡，爲百世光，其爲嗣人資者益深且大。不爾，漫漫直爲身家私小計，取悦一時而忽遠猷，馴至容養坐視過失而弗救，有善弗以告情好，外若固密，其中實睽離，無所資賴焉。卒之，污辱波及，禍敗隨之，亦安在其以同爲也？於戲！都俞同矣，而吁咈弗容以弗異，在君臣尚然，矧朋友乎！余辱四賢知厚，兼之曩覩都憲林見素贈伯望之官之文也，既以無憚求責之四賢矣，而復責余以無憚告焉。余雖無似，詎敢塞以浮媚之辭而弗思所以爲四賢益哉？志仁名榮，號檗山；伯望名顒，號易菴；介卿名良節，號雪筠；敦賢名伯獻，號方壺云。

竹田記

竹田，廼今右都御史長樂林公舜舉所居之勝而因以爲别號焉者也。長樂，八閩名邑也，去城東南三舍許爲南鄉地名星溪者，長樂之名村也。環村皆山也。自北迤邐數十里，融結爲峰，名曰西峰，峰之左右兩山對峙，如張鳳翅。自東六七里許爲大海，海風搏沙，噴薄成磧，不絶如堤。去峰僅里許，地如盤盂形，而公家在焉。背震面兑，遠近秀嶺如錦屏繡障，奇峰貌神人環顧而張拱作拜揖狀。山澗匯爲星溪，岐爲支流夾之。地多美竹，含烟霏，帶雨露，四時蒼翠如織。西峰壁立萬仞，與北嶺聯絡，沿麓多種龍眼、荔枝，鵝黄渥丹，天然色相，奪目於夏秋之交。南山則蒼松古檜掩映，雲日飛泉，珊珊如注，怪石離立，如人擺列爲之者。與夫沙磧朝暾夕照，光景倒射，千態萬狀，殆不可名目。其中腴田延袤數百頃，故自昔名其地曰竹田竹田云。山水靈秀之氣，蜿蟺磅礴而鬱積久之，篤生如公者，一代之名臣也。公爲按察使時，嘗語走曰：「予從仕俯仰，脱然無絲髮之累者，由竹田生意之多也。」噫！古之人大有爲於世者，寧獨其才大過人哉，亦必其志之素定云爾。昔諸葛武侯嘗謂其後主曰：「臣成都有桑八百株，薄田十五頃，子孫衣食自有餘饒。臣死不長尺寸以負陛下。」説者謂其經世之業、忠純之志，素定於草廬中矣。公開府蒼梧，坐控百粤，更張文武，秋肅春生，遂使鯨鯢掃跡，兩藩元元陰被其膏澤，而不知誰之爲之者。士大夫聚首談今之用世宏才，口口以公爲巨擘也，固也。至于其志之素定，如所謂竹田者，則未必知也。公以懿蹟芳聲，不日特召大拜，展盡底裏，吾知公一嚬一笑，弗古之人若焉弗措也。百世下，將使人指竹田爲成都之桑田，目公爲三國之諸葛，則竹田之所以取重者，蓋在此而不在彼也與？不爾，美材沃土，佳山勝水，域中亦在在有之矣，安在其能稱重於天下後世爲哉？走不肖，受知公非一日，故因公屬爲記，輒敢原公爲一代名臣者，本於志，而志本於竹田者如此。若夫棲烟霞而伴麋鹿，此幽人逸士之所尚，固不敢以望公，而亦非公之志也。

如賓記

予同門友陳君時周爲御史，未幾即疏乞終母太夫人張養于家，今八年矣。定省之餘，潛心大業，深懼陷於傳不習之咎也。而又能體以能問於不能之謙，不遠數千里具書，述其曩所得於師教者，不一而足，而尤拳拳乎静一之説。復自以爲静一入手莫敬焉若，而欲敬莫承祀見賓焉若也。遂以如賓名其藏修之室，而顧諟焉。猥責予以回，路贈處之義，俾一言爲之記。予自服心喪後，絶跡里閭，幾一紀矣，方嘆世之留心正學者無幾；學矣，率惑於異端而多岐之是溺焉，終身倀倀不得其門而入者在在然也，若是者雖學猶弗學也。顧瀾倒中屹底柱如吾時周者，豈易得哉？先是，時周酷慕吾先師石翁之道也，家貧道遠莫由造。丙辰舉進士，以公差入廣，躍然曰：「天假也。」至則首修弟子禮禮先師，留白沙者久之。噫！以先師之善誘，而勇邁莫時周若，針芥相投，蓋有不待言而悟者矣。矧青燈聯榻，高論層出，如洪鐘之叩，大小隨撞而應者乎？然則，時周之所得，心傳神會之妙，殆不能出諸口也，況以之語人乎？語人且不能也，而人又安能揣摩想像而得之哉？審爾，則予雖幸蚤侍先師，如時周言亦若是云爾。況以不敏兼之玩愒曠時，孑然未之有得，而方以負師之教愧哉？時周責友勤而自處謙矣，懼終無以爲時周酬也。雖然，本邇而自遠之，過與弗及均焉。昔者，孔門以承祀見賓之説爲仲弓告矣，異時語顏子暨諸子又各各不同焉，豈多術乎哉？良以聖賢千啓發而萬告教，率藥也。而學者之病，每人人殊，得其肯綮者，久之病且無寄，安在其以藥爲也？病愈藥除，聖人之道了無加損之可言矣。否則，藥病横其中而弗覺，其爲害也滋甚矣。故予嘗謬謂：「治本病易，祛藥病難也。」時周從事乎敬之日久矣，試以是求之，時驗吾病之去否何如，而無爲藥病困焉，則善矣。時周名茂烈，莆田人。性貞介，以忠孝大節聞當時，蓋稱其爲陳門高第弟子云。

介石記

斯道之在人心，精微廣大，非積之真、力之久，不足以悟而入也。《易·豫》之六二曰：「介于石，不終日，貞吉。」傳者以爲自守之象，其節介如石之堅也。人才如司馬温公、范文正公輩，偉矣。語其所立，巍乎如山嶽之峙，富貴禍福豈有動其心者？所謂介于石者，何愧？然考其學問之淵源，所謂精微廣大，其體其用與天地同者，容有慊焉。何哉？所積者不真，則所力者雖久，譬如種瓜者然，雨露非不均也，人力非不至也，然根甜則實甜，根苦則實苦，雖造化不能易也；又如適大國者，苟遵其道，遲以歲月，無遠不至，否則，東馳西騖，忘年卒老，豈有能達其境之日也？今夫有志於學者，皆知力之爲難而不知悟之尤不易也衆矣。昔者吕原明嘗稱「正叔笑人專取有行〔二〕，不論知見」，又説「世人喜説某人只是説得」，又云「説得亦大難」，而以爲二程學遠過衆人類此〔三〕。夫知之真則守之固，不真而固，冥行而已矣，夢説而已矣。吾恐其所謂介者，非安排則執滯，抑何以得乎無思無爲之體，執乎日往月來之機，通乎陽舒陰慘之變化，神之心而妙之手，以圓成夫精微廣大之道也哉？龍溪林子庸者，予省大方伯先生之冢嗣也，從侍公寓，閉户讀書，嘗揭介石二字于楣以自警。間求屬記於予，曰：「俾之知射之的，家之歸也。」而予也非其人也。抑聞之：龍溪之鄉先哲有北溪先生者，爲文公高第弟子，其所自悟，予雖未及深考，然觀其所立，亦一代之卓。而尊翁方伯先生，清慎博大，有長厚之風，爲政尚寬簡，民愛之

〔二〕笑人，《明儒學案》作「取人」。
〔三〕類此，《明儒學案》作「在此」。

如父母，是皆不愧乎介石者也。子庸遠師法於鄉哲，近承訓於家庭足矣，又何所取於迂疎者之言爲哉？獨念子庸以洛陽年少，凝重通敏，循循乎禮法之中，其所謂介石者。他日不患其不力，特患其發軔之初，所積者不真而爲終身之誤耳，故敢以悟之不易爲啟，以待其自求焉。

柳塘記

天下之至樂生於心而會於境，心境兩得，難乎其遇矣。心玄而境閙，不害其爲心之樂也；境寂而心擾，所謂境者雖佳，心爲之役矣，謂之安，不可也，況所謂至樂者邪？予少從先君宦遊臨川，前之人於公廨隙地輦土爲塘，沿塘植柳，偃仰披拂於朝煙暮雨之間，千態萬狀，可數十本。塘之水，微波巨浪，隨風力强弱而變化，可數十丈。鷺燕之歌吟，魚鰕之潛躍，雲霞之出没，不可具狀，則境與心礙[一]，既塊然莫知其樂之所以。稍長，讀昔人「柳塘春水漫」及「楊柳風來面上吹」之句，則心與句得，又茫然不知其妙之所寓。近歲，養痾之餘，專静久之，理與心會，不必境之在目；情與神融，不必詩之出口。所謂至樂與至妙者，皆不假外求而得矣。是知得於心，則雖處諠囂而江湖之思日遠，居闤闠而山林之氣日生。不然，漁釣之徒，樵蘇之侶，土木其形，草

[一] 礙，《明儒學案》作「得」。

葉其衣，其狀若類太古者，然叩其中有所得者，何鮮也？予同年黄户曹弟子振數相過往，因出其外舅氏陳公用直别號柳塘者求記。予居去公鷄飛之地，市井之諠鬨，突煙之相接，求尺丈空隙以爲廬居蔬圃之地且不易，又安得所謂柳塘者邪？然公託意於此，殆所謂得於心者，非邪？若然，則乘灝氣而與造物游，雖居窮巷斗室，樂也；否則，坐喬林以終日、泛巨浸於萬頃，亦境焉耳，心既不能與之會，所謂樂者，又烏從而生哉？然此可爲有道者道也。求道者，安得不自身安始？而身安，安得不自擇境始耶？粤多佳勝，去城西北不數里，林木之茂盛，泉流之清深，在在有之。公擇其勝爲别墅，濬池植柳，以求所謂心境兩得者而老焉，破數百緡之費耳。異時，從公席緑陰而濯漣漪，咏昔人之佳句，會至樂於千古，爲公續記尚未晚也。

東所先生文集卷之六

書

與陳仲采

尊翁望重四海，見者必以葬事爲問。稍涉歲月，責有所歸，願吾仲采勉之，勉之。黔婁布被不掩，董永自賣營葬。觀此，天下無難處之事矣。某疏上仲采大孝苫次。二月廿九日。

與潮州葉太守

林舉人來，辱書帕碑板之惠。繼此則劉司訓來，又辱佳章見示，至意勤渠顧不德何以得此，使人愧感無地也。兹有一事奉告，僕近纂修《厓山新志》，因考大忠事績，其陸丞相秀夫墓在貴治郡城南海中嶼上，石碑尚存。秀夫爲宰相，立衛王於厓山，及厓山破，乃仗劍驅妻子入海，即負王赴海死。載於《大明一統志》者，與潮州郡新舊志同也。而新志則云「訪其碑已不存，莫能得其處」。竊以爲此直精誠之未至耳。精誠如朱壽昌，則五十年已失之母當復見於一旦。人雖不知，鬼神固知之；人雖不告，鬼神固告之也。況志明言其墓所在，而碑失乃在近年者哉！僕爲之嘆恨累日，因作詩紀之，録于别紙。今多方物色而不得，不得已如新志所云，就其地封而表之，庶乎有以慰忠魂於不死者，無不可也。曩者，陽江知縣柯昌大封張太傅世傑墓於赤坎，仍建祠墓下以祀之，僕已大書于志。今柯雖去官，而勝事與遺烈並光載籍無窮也。執事出守是郡數年矣，政聲大播，爲嶺南良牧最，其於表章忠節、激勸風俗之事，必所樂聞而勇爲之者也。僕以是敢爲執事告，幸留意焉。

與高侍御

伏聞以僕明揚于庭。夫執事薦賢爲國也，惜僕非其人也，徒辱薦稿以累執事之明耳。竊自附叔向不見祈奚之誼，不敢稱謝於臺下。雖然，士爲知己者死，則亦豈敢懵然不知感激、自同於草木哉？承寵顧，謹此布謝，並致區區之意。

與朱德卿

萊公當澶淵之役，每夕與知制誥楊億暢飲謳歌諧謔達旦，若在腐儒則以爲放肆矣；臧宫撫鳴劍而抵掌，志馳伊吾之北，在腐儒則以爲不檢矣；趙韓王受外國瓜子金，在腐儒則以爲貪婪矣。志未伸而見逐，功未成而遭烹，何有事業之炳丹青也？故孔孟在當時，或以爲博學，或以爲好辯，況其下者乎？此識英雄在英雄也。雖然，此資稟耳，不有學乎！《易》曰：「知微知彰，知柔知剛，萬夫之望。」傳曰：「貧賤不能移，富貴不能淫，威武不能屈。」又曰：「乘流則逝，遇坎則止。」隨時之義，固非聖賢莫能盡，而凡學者亦不可以不勉也。不然，何以曰「仕而優則學」？

再與朱德卿書

昔者，聖王封忠臣墓而天下歸心，澤及枯骨而諸侯悦服。郡邑與天下，雖大小不同，治理一而已矣。竊見北郭外有彭烈女墓者，乃前邑尹高君所營。曾日月之幾何，荆棘叢生，題石剥落，牛羊樵蘇，日踐蹂其上。若更加以數年，唐人所謂「重來兼恐無尋處」矣。噫！諸長民者，每歲三時祀鬼北壇，經行其處，漠然莫有動心興意爲一修者，豈爲簿書期會所困兼視此風化所關爲度外哉？仰惟執事以郡佐下權邑事，威惠風行，百度齊舉，而此事似不容加之意者，故敢貢其説於左右。儻不以爲不然，乞賜移文所該地方，取具回呈，要見彭烈女爲誰里族、何因得名烈女、其以爲烈女者何狀，遠採博訪得實，然後捐在官錢糧一二，否則別自措置，稍加修葺其墓，或親臨一祭，或表之以文，或播之以詩，大書深刻，樹之墓道，仍禁牛羊樵蘇之犯。如此，則英靈有妥，人心歆動，於風化不爲無補也。經不云乎，「作新民」。傳謂「鼓之舞之之謂作，言振起其自新之民也」。抑聞之：古今貞烈，或星辰下降，或精靈託迹，其生也有自來，其逝也有所爲。近世長民者類不以此等事爲急，良由不悟斯理。夫君子固非屑屑於干福者，而感應自然亦理數之不可逃也。孔子曰「祭則受福」，《詩》云「自求多福」，傳曰「能者養之以福」，亦豈絶口不論福哉？彼簿書取辦目前，了則如鳥音過耳；至於表章貞烈、扶持王化，大則垂名國史，小則流芳邦志，亦足以爲不朽計也。惟執事念之。

與李先生書

詡拜白李先生閣下：令似孔修，不以不才見視數過僕，意蓋有取於僕也。僕也不德，環顧腹中枵然無所有也，然頗以鑒裁自委。竊觀孔修，志甚大，才甚高，識亦正，其天分蓋亦百之一二也。至於詩道文道，僕疇昔頗事探討者，其閫奥之處，孔修類能言之。雖於君子長者之前，未免言動有失，此非所以責孔修也。嗟乎！後生可畏，豈不信哉？僕嘗南北奔走十數年，非其人不妄接也、不妄交也、不妄取也。至如孔修，僕眼孔寥寥未之見。何者？年幾弱冠，而有許大見識力量，何所往而不至也？第有説焉。程子嘗謂「天下英才不爲少，直以成就之無道耳」。

蓋觀之成周之時，取士之法、人才之盛何如；以及漢及後世之時，取士之法、人才之盛何如，蓋可見矣。今日先生苟能不顧俗議、不隨時好、不急近利，姑勿責之以科舉之習，因其志氣而張旺之，因其才力而輔振之，因其識見而誘道之，教之以入孝出敬之道、養心修己之術、親賢遠佞之方，磨其圭角，去其矜逸，使之得以優游沉潛乎仁義詩書之府，力追疾馳古人成立之地。出則必經綸，必王道，必禮樂，必爲一代之賢臣；處則必垂訓，必立教，必傳道，必爲百世之師。不但光李氏之一族，而爲一代之國華；不但光嶺海之一方，而爲四海之德星。先生亡謂其必不能也。「舜何人也？予何人也？」古有是言也。孟子曰：「豪傑之士，雖無文王猶興。」功名富貴，自有一定之命。捨穀粟而取糠粃，棄參苓而服鈎吻，不知之甚也。僕之小年亦嘗從事於此，顧以當時無有大賢之接、卓越之識，而墜此穽也。一墜其中，欲出之不可得矣。今之白沙陳公甫先生，倡道此邦，抱經濟之宏略，負仁義之大柄，千百世而一人者，若使孔修師而事之，其成就之大也必矣。夫天既與其才，而爲父者反逆其才，是天愛其人而父不愛其子也，其可哉？昔呂榮公嘗言：「人生內無賢父兄，外無嚴師友，而能有成者，少矣。」僕於此亦云，惟先生留意焉。某再拜。

復秉常

承示，足仞直諒。此疏本月十一日已令人赴闕陳請矣。由語改作爲陳情乞恩辭免起用事，與來示暗合，可見閉門造車，出門合轍也。夫洪鐘大叩則大鳴，小叩則小鳴。彼孔明、宣公、李綱輩，當時是甚麽任用、甚麽機會，故得以傾其所藴？今部檄略比尋常待前項人者差勝，視之昔人，所遭遠矣。故疏中不過述君臣大義，使平日疑先師教人不仕之疑冰釋而已矣。

復乾亨

子思所謂「至誠無息」，即「逝者如斯夫！不舍晝夜」之意。全體呈露，妙用顯行，惟孔子可以當之，在學者則當終日乾乾也。至於心無所住，亦指其本體。譬如大江東下，沛然莫之能禦；小小溪流，便有停止。纔停止，便是死水，便生臭腐矣。今以其本體人人皆具，不以聖豐而愚嗇，此孟子所以道性善，而程子以爲聖人可學而至也。學者不可以不勉也。范書「格物真陰陽不住」之説，正孔子「博文」之意，欲其博求不一之善，以爲守約之地也。其意旨各有攸在。承以能問於不能，足見好學。然一曝十寒，最學者深戒。惟願堅持大志，終始如一，則聖賢地位指日可登矣。

再復乾亨

詡疇昔贈王大參詩有云：「僊山開八面，八面玉芙蓉。」言雖粗鄙，若能於此悟入，則《易》道可得而喻矣。夫思辯，固學者不可缺一，若泛而不切，又未免爲支離之歸矣。議論多而成功少，大抵宋朝一代，在上爲治，在下爲學，氣象類如此。此世運也。故濂溪不再傳而異論作矣。譬如造醇醪者，第一蒭至第二蒭以下，酒性雖同而味浸薄矣。故曰學其上僅得其中，學乎中斯下矣。執事以爲何如？

復王大參

承示，知行部歷二縣方回，冒暑驅馳千里之外，勞心焦思以勤民事，古之任世道之責固如是也。只今後山倒懸之急，旦夕望執事回轅一贊助之。大抵往事不能圖難於易，已不必論矣。只如村民避難四出，棄田業不能耕種，其在村者又爲軍壯騷擾，百狀不可言，甚至殺平人以爲功。如此自治已失道之甚，何禦賊之足云耶？望吾執事力於當道中明目張膽以救之，不然，吾恐季氏之憂不在顓臾也。惟執事念之，念之。

復陳時周侍御

辱和，咀嚼風旨，是何愛我厚而慮我深也！僕於執事，同門也，有回、路贈處之誼焉。苟有所見，弗敢嘿嘿也。夫出處無常，惟義所在。今既謂仕希周而學希顔矣，則客星紫氣之事，恐非所宜擬者矣，況如僕處臣微之地、有世臣之誼者哉？至於才不堪世用、麋鹿之性不能與時上下、脂韋相逐，則自知久矣。到此處，寧無一轉身地乎？平生所學，他靡所長，至如出處大義，亦頗講之熟而守之確也，其敢凝滯以畔道乎？風便，聊爾布此心緒，欲言固萬，聊罄其一二也。拙作已具呈見素翁，煩達。夷陵書近領，并告。

復朱推官

昔東坡先生謂神宗求言太廣，切中當時之病。夫自古聖賢爲治，固在廣詢博訪，然無其本，則不足以照邪正、審是非，其弊將有甚於不求言者矣。此東坡所以爲有見也。《大學》曰：「其所令反其所好，而民不從。」今之在上君子，只是欠了至誠一段學問功夫。故大本不立，經綸無所從出。讓國，美事也，子之行之則敗；不欺，盛德也，宋襄行之則禍。聲容盛而武備衰，議論多而成功少，此有宋之所以不振也。自古未有奸臣在内而大將能立功於外者。此書生之所以識事機也。孟子見齊王，三日不言事，且看聖賢用世手段。謬見不過如許，他非所敢知也。匆遽，言語不倫。乞亮。

復曹梧州

尋常仕路交遊，往往懶通書問，蓋有其説。唐人云「一字不留何足訝，白雲無路水無情」是也。至如吾執事，蓋有不同焉者矣。況出處大事，僕敢於執事默默耶？來諭堅之一字，未敢聞命，夫士之所守，義利毫末之辨，以至死生趨舍之大，實在志定而守確，堅之一字不可少也。至于出處無常，惟義所在，若堅守不出之心以爲恒，斯孔子所謂果哉也，其可乎？僕平生所學，求志達道，萬一見用得所，所謂「鞠躬盡瘁，死而後已」，僕所甘心者也，何勞攘之足云？第念僕處臣微之地，兼有世臣之義，君命下臨，自無偃蹇之理，度時審勢，見用未必得所，去就又決不容有一毫之苟，所謂恐不免勞攘者，此耳。不爾，僕豈懷居者哉？執事之厚，此而不言，是外執事矣。眼中賢士大夫如林見素、陳時周，亦多不知僕之本心。所答渠書稿録附見意，然亦止述大端。若夫細微曲折處，非面莫克陳也。

謝彭方伯

詡謹東向再拜獻書于方伯先生執事者。昌黎韓子有言：「下之人負其能不肯諂其上，上之人負其位不肯顧其下，故高材多戚戚之窮，盛位無赫赫之光。是二人者之所爲，皆過也。」生嘗非之。以爲下有仁賢，而在上之人不之顧，則責有歸矣；而在下之人安分守道，是其所職，胡爲諂其上哉？是以自叨舉於有司以來，在公之庭，無生之足跡久矣，夫豈好爲自尊大哉？不過安吾分、守吾道而已。孟子曰：「古之賢王好善而忘勢，古之賢士何獨不然？樂其道而忘人之勢。」然又有説焉。孔子曰：「事其大夫之賢者。」苟有德之君子，雖位尊勢重，所當奔走而事者，又不當以諂爲嫌而過於矯亢也。執事文章節行動人耳目，生爲兒時已聞而知之矣。去歲，在禮部聞執事來藩鄙邦，竊爲鄙邦赤子慶幸。下車未幾，即抗章舉賢才、止貢物，其餘善政蠹弊得以專者，以次罷行，幾無遺憾。規模宏遠，氣象一新，風行波流，不數月境内大治。而又謙虛下士，略無自大自足之心，求之古人，指不多屈。若執事，非孔子所謂「大夫之賢者」乎？誠生所願事而不可得者也。執事事業在朝廷，聲名滿天下，汗青筆之，鐘鼎勒之，天下兒童走卒亦能道之，所謂「赫赫之光，無遠不照」，奚庸生鼓喙摇舌而爲獻諂之舉也？直以景仰之私本於性情，稱述之言出於天下，公也，非諂也。況曩者辱取拙著，特蒙褒奬，且推而致之古之人之列，何敢當，何敢當。然又竊喜，以爲後生小子寸長片善猶見收録如此，使他日秉鈞當軸，爲卿爲相，則世寧復有棄才而野寧復有遺賢者乎？生之竊喜，爲天下喜也。第生於此，則有無窮之慨焉。生生年五十又五矣，窮年矻矻，恒思自振，倚乾坤而覩世寰，思欲拔扶桑之樹、挽滄溟之水，舉八荒四極一掃而洗之。遂其志不得，則大呼小叫，聞者莫不以爲狂也。有一奇偉卓犖之士，如饑如渴，思見其人，與之執手浩論；然非其人，則又默然，呼之而不應，叩之而不荅，仰面觀天而不少顧也。是以於執事雖未嘗數見，而傾心懷仰，至形於夢寐。第生舊歲不幸遭喪，顏色慘沮，衣冠不吉，不能一進左右，接德容而聆至論也。此生所以有無窮之慨也。是以踰越禮分，冒哀一言，得非范文正所謂「不以一人之戚而忘天下之憂」之意乎？嗟乎！千載以前，有如執事其人，尚且忻慕感慨，恨不得與之同時，何況今日親蒞生長之邦，而賤姓名又辱見知於左右乎？宜乎！生於此有亡窮之慨也。若使生伺候於門庭，下色於閽卒，而又長揖而進，長揖而退，纍然素服，趦趄不前，不惟人笑之，而亦自笑之矣。昔有鼓瑟王門三年不得入者，又有獻玉三往而三見刖者。向非執事辱以一言之顧，則生寧守戚戚之窮，決不能效昔人，徒自獻以取辱也。執事倘不以位自負，歸以一言教之，幸甚。外謹獻舊所爲文若干篇、詩若干篇，仰荅雅意，更乞采覽，干冒尊嚴，不勝惶恐。

謝潘督府

詡頓首督府潘先生台座：曩者，明公奉命南來，某私爲兩廣生靈喜者，蓋爲政以人材爲先。故陳蕃未下車，首謁孺子，載之青史，萬世以爲美談，固不聞以位自尊也。明公事業在天下，不可枚舉，此僕私爲兩廣生靈喜者，夫豈無因哉？未幾辱明公枉顧，適某陳疏謝病，不出户門久矣。一旦趨謁明公之門，舉平生粗守禮分者而棄之，人雖不議而某心獨安哉？所以不敢往謝，蓋以此也。於初未蒙明公下問時也，自揣以齒論之，後輩也；以官論之，下僚也；以德論之，又迂疎不整，凡百不足爲世道也，安敢輒通尺牘於督府之門以自取斥辱哉？昔人云義不辱。某無似，顧以不辱自處者也，所以不敢致書謝者，又以此也。不意明公不以爲罪，數稱於兩司。近者周憲使又述明公致意焉，顧某失德、失禮之人，何以得此於明公哉？用是，不揣形諸聲詩，仰答盛德休光於萬一云爾。伏惟台照。

東所先生文集卷之七

墓表碑銘

白沙先生墓表

天旋地轉，今浙閩爲天地之中，然則我百粵其鄒魯與！是故星臨雪應，天道章矣；哲人降生，人事應矣。於焉繼孔氏絶學以開萬世道統之傳，此豈人力也哉？若吾師白沙先生蓋其人也。先生以道德顯天下，天下人嚮慕之，不敢名字焉，共稱之曰白沙先生。先生生而資稟〔一〕絶人，幼覽經書，慨然有志於思齊，間讀秦漢以來忠烈諸傳，輒感激齎咨，繼之以涕洟，其嚮善蓋天性也。壯從江右吴聘君康齋遊，激勵奮起之功多矣，未之有得也。暨歸，杜門獨掃一室，日静坐其中，雖家人罕見其面，如是者數年，未之有得也。於是迅掃夙習，或浩歌長林，或孤嘯絶島，或

〔一〕資稟，《陳獻章集》作「資品」。

弄艇投竿於溪涯海曲，忘形骸、捐耳目、去心智，久之然後有得焉。於是自信自樂。其爲道也，主静而見大，蓋濂洛之學也。由斯致力，遲遲至於二十餘年之久，乃大悟廣大高明不離乎日用。一真萬事〔一〕，本自圓成，不假人力。其爲道也，無動静、内外、大小、精粗，蓋孔子之學也。濂洛之學非與孔子異也。《中庸》曰：「誠者，天之道也；誠之者，人之道也。」誠者、誠之，其理無二，而天人相去則遠矣。由是以無思無爲之心，舒而爲無意必固我之用。有弗行，行無弗獲；有弗感，感無弗應；不言而信，不怒而威。故病亟垂絶，不以目而能書，不以心而能詩，天〔二〕章雲漢而諧金石，胡爲其然也？蓋其學聖學也，其功效絶倫也，固宜。或者以其不大用於世爲可恨者，是未知天也。天生聖賢，固命之以救人心也。救人心，非聖功莫能也。聖功叵測，其可以窮達限邪？且治所以安生也，生生而心死焉，若弗生也，吾於是乎知救人心之功大矣哉！孟子曰「禹、稷、顔回同道」，韓子曰「孟子之功不在禹下」，此之謂也。先生雖窮爲匹夫，道德之風響天下，天下人心潛移默轉者衆矣。譬諸草木，一雨而萌芽者皆是，草木蓋不知也。其有功於世，豈下於抑〔三〕洪水、驅猛獸哉？若此者，天也，非人力也。先生諱獻章，字公甫，别號石齋，既老

〔一〕萬事下，《陳獻章集》有「真」字。
〔二〕天，《陳獻章集》無。
〔三〕抑，《陳獻章集》作「救」。

曰石翁，吾粤古岡産也。祖居都會，先生始徙居白沙。白沙者，村名也，天下因稱之。其世系出處，見門人李承箕銘、湛雨狀者，詳矣。詡特以天人章應之大者表諸墓，以明告我天下後世，俾知道統之不絶、天意之有在者蓋如此。

誥封監察御史余公墓表

貴州道監察御史僯邑余君行簡奉命巡按南畿，未幾，聞父封御史慎齋公訃，哀甚。既疏聞，得代，即匍匐負斬衰，不遠數千里南奔度嶺下九江，可以徑趨新會矣，行簡乃迂一日路至省謁予者，蓋爲請公墓表也。噫！世方競勢利而惡衰歇，以行簡居要路，干在位公卿之詞，宜易得；而見擯迂疎之人，顧反爲行簡之所取何？行簡之識見，與人異也。且予自閉户以來，吝於文固也，而尤以諛墓爲耻。今於行簡之請，自弗容無説以謝之矣。公諱肄，字習之，慎齋其别號也，世居新會之登名里，以成化乙酉鄉科起家爲訓導。其教莆田也，待諸生以恩義，有貧者力爲資助；其教固安也，如莆田。以故，兩庠諸生後雖有顯晦之不同，至于今咸想誦之不衰。官滿，遷永豐教諭。無幾何時，以親老一旦飄然解組南還矣。時父年九衮，母幾八衮，公窮力致養，務得其懽心，而尤無絲髮遺憾於送死之際。閑居，芒鞋鳩杖，逍遥笑傲於煙霞水石之間。幾三十年，官府人了不識其面目，日唯静坐一室以訓子孫而已矣。晚以行簡貴，封如子官，不改其素履，鄉人稱重焉。正德庚午四月十有二日以疾卒，距所生宣德己酉八月二日也，年八十有三。父子並享高壽，可謂難矣。配謝封孺人，有賢行，見大司徒張西溪所爲墓銘，先公三年卒，葬鼎富嶺乙向之原。行簡卜以是歲十二月某日奉公柩合葬焉，古禮也。夫公厚積而小試無所見，然觀其以親老棄官歸養，居家静養，不事干謁，古所謂鄉先生殁而可祭於社者，非斯人之徒而誰與？而又以其有餘不盡之福，大發于其子。行簡朴茂端愨，爲帝耳目。初以庚戌進士出宰溆溪有聲，屢被薦進南京湖廣道監察御史，階文林郎，後以母憂服闋，改今任。子惠持重之風，雖行簡質美學勤之所致，要之庭訓之嚴，亦不可誣也。予妹婿今復官雲南按擦副使歸善姚應龍，遭權奸之禍，謫戍遼陽時，獲濟於行簡；及賜環南歸，不幸卒於途，又賴行簡殯焉。此予不特德行簡，益重行簡之高誼矣。於是撮公大節，牽聯行簡之爲人，造文以表公墓，以紓行簡之哀思，以爲世之鄙薄者之一勸云。

竹菴周先生墓表

士以嗜學爲難。嗜學矣，老而益壯者尤不易得。至于耄期不倦如衛武公之流，詘指古今僅一二人而止耳。世脱有斯人之風焉，不謂之厚德之士而何哉？余以荒疎栖跡丘園，一日覩龐眉皓首、偉衣冠而進者，閱其通名之刺，周敬也；問其年，九袠也。余遂起敬，以丈人行待。而公也，反辱堅循古人訪道之禮。雖余懵然於道，而公之盛禮，竟弗之敢當也，然心竊異公所嗜殊人人乃至于忘德忘年如許，孟子所謂挾賢而問、挾長而問者，公誠一無有也，非厚德其孰能與於斯邪？于時好事者競繪爲竹菴訪道圖以相傳玩，亦一時盛事也。既而往還益密，道分益符契，余方自慶，孰意公舍我飄然而霞舉耶？余嘗作詩挽之，殊無生死悲愴意，亦惟公生平學道，視生死去來直旦夕耳，矧公行檢膺福復何欠而忍以兒女態視公爲哉？公字克恭，竹菴其道號也，世家南海，以積善爲業。蚤涉江湖事貿易，中歲造店舍十數間以招四方商賈，家計用裕，晚以詔冠帶，皆非其志也。其學始多出入佛老，後乃歸宿於余焉。公生於永樂己亥九月二十五日，卒之之日爲正德戊辰四月丙申也。遺戒子孫，諄諄以積善爲裕後之本。其家嗣濟知余爲公重也，請表其墓。余因推本公之耆年嗜學由於德之厚者言之，以爲世之廢學與夫學焉未得而妄自大者勸且戒焉。

封旌德令懶樵孫先生墓碑

予同門友襄府長史林緝熙爲浙江平湖教諭時，以試事便道歸廣，爲予言平湖學中士之穎出者，孫君迪吉夫也；其論及邑中人物，豪雋曠達莫懶樵先生若，吉夫之父也。予中心藏之，去之今十有八年，吉夫以才御史奉命稽儲于兩廣，辱斯文愛良厚。未幾，先生棄養，吉夫具狀來請墓碑，予以得考先生懿行之詳爲快。蓋父子師友間，先後契分如許，似皆不偶然也，碑文安敢以迂疏辭乎？先生諱瑫，字良璧，號獨峰，懶樵其晚號也。先世自卞隨宋南渡，家于浙之海鹽，後析爲平湖，遂占平湖籍。曾祖子文、祖彦忠，以字行，嘗輸粟助邊餉，詔旌爲義門，勞以羊酒；考翼，好禮敦義，俱隱于耕。妣馬氏，出名族。先生自爲兒時，有大人志，宗人御史君某一見異之，語人曰：「抗吾宗者是兒也。」稍長，值積稅事爲悍吏所逼，能區畫以振門祚。成化初，海塘決，居民廬産爲之蕩然，長民者莫或恤，先生獨毅然請于當道，得減租半，邑人至今德之。兩輸粟于官，無慮數千石，有司屢迫授以散官，先生漠然不之應也。嘗至南京，户部尚書某公詢海塘爲患之由，先生力陳相導捍衛之策，援古證今，亹亹數千言，殊可採。某公嘆曰：「曾謂草澤中無遺才乎！」厚禮遣之。年未半百，豫營壽藏于邑之大易鄉擊壤里，凡衣衾棺槨靡不具。君子謂其仗義高尚，有郭林宗、魯連子之遺風。至其視死如旦暮，雖趙岐、傅奕、柳子華輩不足多也。先生果豪雋曠達之士哉！是足以信吾友之言之弗妄矣。先生晚以吉夫宰旌德治有狀封如子官，繼以吉夫擢監察御史遇恩例得服如子服，然皆非其好也。歲一遊杭之西湖，至則與一二同志泛舟揮觴浩歌以爲樂，暨諸名勝履跡殆遍。先生博綜羣籍，尤長於詩禮，爲詩句往往得唐人風韻。所著有《獨峰稿》、《樵唱集》、《遺後録》，總若干卷，藏于家云。先生卒于正德己巳四月十有八日，距所生則宣德壬子六月十日也。配沈氏，贈孺人，有賢行，先先生十有五年卒。子二人，長曰逵，次即吉夫也。孫六人，曰綬、曰紱、曰維，縣學生；曰獻、曰岳、曰牧。曾孫五人，具幼。吉夫期以復命後奔喪故里，卜改歲十二月某日安厝先生於壽藏焉。予聞之，留有餘不盡之福以遺子孫。先生厚積而薄取，所以滋陰其後人，而大顯發之期，在吉夫乎！噫！予以先生故，占予吉夫他日名位事功之卓，不當但如予友之言而已也。

雲南按擦司副使姚公墓誌銘

雲南按察司副使姚公既卒之明年十二月二十日，卜葬于里之下塓午向之原。先期，諸孤欽等奉狀泣拜請銘。公，余妹婿也。雖情弗忍銘，抑誼弗忍弗銘，乃按狀序而銘之。公諱祥，字應龍，初號希菴，晚更玄谷道人。系出姚文獻之後，宋南渡避兵南雄，後遷惠州歸善，遂家焉。高祖勞菴生竹溪，竹溪生鑑湖，鑑湖生坡隣，公之考也。妣梁氏，夢白鶴廻翔投于懷，遂誕公。公自幼穎脱，日記數千言。既長，豪雋不羈，補郡學生。成化丁酉領鄉薦，赴春試下第，卒業于成均。辛丑，登王華榜進士，授江西新喻知縣。丁內艱服闋，改沛縣。召起擢江西道監察御史，推恩進階封考如公官。妣梁氏，繼陳氏，贈孺人；繼配張氏，封俱孺人。遷雲南按察司副使。丁外艱服闋，改湖廣。甫及任，適權奸閹宦用事，被誣，謫戍鐵嶺。已而權奸敗露，磔于市，乃復公官，仍改雲南。時公已得釋南歸，至濛浬驛，倏然長逝矣。改任後復推按察使，公身後蓋有遺榮焉。公之治邑也，首除民害，凡興造率關政體，其熄火災、擒大盜、障河決之功尤偉，屢以賢能薦。其居近侍也，危言直道，凡建言彈劾，不爲權豪少撓；其後刷卷廣西，次巡視馬草場通州倉，繼巡按四川佐憲外臺，激揚廉貪，旌表貞節，事功卓卓在人口，至今稱之不衰。其在謫也，了不皺眉；解伍之日，了不色喜。及在客途屬纊矣，了不牽戀，作一詩而逝。烏乎！若公者，處富貴患難生死之大，不略改其故步，亦難矣哉！公生天順己卯年六月十七日，卒正德庚午年十二月初四日，得年五十有三。配張氏，先公八年卒。下壙之葬，寔虚左以竢焉。繼配張氏，先郡守公次女，余之妹也。子六人，曰欽，郡學生；曰銓、曰鈞、曰鎔、曰鋼，俱先配張氏出；曰録，予妹出也。女一人。孫男四人，曰源、曰瀾、曰泓、曰泗。欽淳樸仗義，當公被難時，慨然欲效緹縈之舉，爲人沮，乃不遠萬里抵謫所省公。餘亦秀拔可愛。蓋公後必昌，於是乎可占云。銘曰：

少掇巍科，才名日起。梅鼎將調，牛刀小試。賢能屢薦，入居近侍。風采凜然，百邪俱靡。中遭患難，惟命是委。及乎賜環，曾不色喜。生死大矣，高詠而逝。禄位未究，傳芳在子。峨峨新阡，牛眠之地。我序我銘，徵遠此視。

處士鄭樵隱墓誌銘

昔趙岐自爲壽藏，而傅奕、柳子華、裴度輩自爲墓誌，陶淵明、桓伊輩自爲挽歌，蓋生死之理，於朝暮見之。後之人，沉迷於物欲，膠膠擾擾，莫能自反，顧以死爲諱者多矣。一昧乎是，不知息矣；不知息，則貪愛生；貪愛生，則是非起而過惡生矣。人其可昧乎是哉？夷考昔人，其情之真僞、悟之淺深，猶不可以一律也，況今人哉？增江有處士曰鄭樵隱者，吾有所取焉，非耶？處士年七袠餘，而飲啗步履如少壯，計其壽亦未涯也。一日出其妻姪鄉進士湛民澤所爲己行狀，俾銘其墓。吾嘆曰：「異哉！古人之風復見於今日。」又重以處士之考東莊公之配陳，與吾祖母，兄弟也，乃不敢辭。按狀：處士諱應，字德徵，鄭其姓也，裔出鄭桓公友之後，國滅入陳。陳入閩之莆田。大宋間，有曰光者自莆田來爲廣東轉運副使。靖康之難，棄官居增城，因世家焉。考諱瑋，即東莊公；祖諱振，曾祖諱宗道，光之七世孫也。處士爲人朴直，言爲無所矯飾。然喜臧否人物，聞人之善，躍然色喜，如獲珠貝；其惡者，雖素所喜，必面斥之，不少假借。以是亦寡合於人。居嘗以酒自樂。其於文事，雖非其所習，然遇當時名流製作，必手自抄録，歸以示其後生。處士因登山，指顧羅浮雲母，嘅然嘆曰：「人生如轉燭耳，是可棲亦可樵，吾將老焉。吾安能群入群出以干升斗之禄，俯仰世人哉？」遂自號曰樵隱，而鄉人指目亦曰「樵隱君」、「樵隱君」。元配，邑之甘泉湛氏，即民澤之從姑也，先處士卒，葬于金牛里之扶羅嶺，無子，生女幾人，長適某，次適某，次適某。處士生於乙巳年二月二十八日。湛生於己酉某月某日，卒之年爲弘治癸丑九月十日也。處士卒日未量，嘗語婿姪云：「我死，合葬于湛墓之右。」然則，獨曰處士鄭樵隱墓誌銘者，妻從夫也。銘曰：

生本無來，人則吝愛。死本無去，人則悲慨。既昧去來，動必有碍。過惡叢生，丹扃蕪穢。卓哉樵隱，元同大塊。大夢苟醒，天地纖芥。窮通夭壽，又奚足怪。如或未然，努力澄汰。一息若存，吾心敢懈？如斯宴安，庶幾向晦。長夜冥冥，招手良配。無愧我銘，用醒昧昧。

彭烈女墓表

彭烈女者，爲詡邑人也。生有懿德，人莫之知，獨以色誇人口。甫笄，聘入劉氏，儲爲養子婦。厥翁悦其色也，挑之，怒，遂計逐其夫；復挑之，益怒，乃令人陰諷之，曰：「若夫亡矣，若何望？若可就翁，翁當置若側室。爲翁側室，孰與爲養子婦乎？且彼與若未合巹也，名夫婦也，實則爾我耳。若奚爲戀戀至於斯乎？」烈女奮袂大詈，曰：「是何言與？吾聞名正則分定矣，分定則夫婦矣。且彼亡以我故也，我不忍以我故使彼亡而又負彼。」因叩天大慟，曰：「嗚呼！天乎！我何以生爲乎？」是夕自刎，血流户外。明日，烈女父母白冤番邑令高君，高君罪其翁，禮葬烈女於北郭外大道左，榜之石有彭烈女墓云。歲久，荆棘叢生，石題剥落，樵蘇牛羊日蹂躪其上，過者傷焉。弘治庚申，郡推朱君伯驥祀鬼北壇，經墓下，下拜詢由，始一修其墓，而未有一言表其烈者。嗚呼！士之見利思義者或寡矣，況守死善道乎？況以坤柔之姿而能挺丈夫之烈若是乎？觀其不以未合巹而昧夫婦之分，君子謂其近乎知；不賤養子婦而苟貴於爲主翁側室，君子謂其近乎仁；守節不變視死輕於鴻毛，君子謂其近乎勇。謂之烈女，宜矣。使世之委質爲人臣者，咸烈女其心焉，則炎劉之國號可不改新易魏矣，趙汴之廟主可不遷杭泛海矣。然則，烈女之行，雖曰守坤道之常也，而其一寸丹衷，揭之可以愧千百世爲人臣而不知君父之大義，其關繫誠重矣，是不可以不表也。銘曰：

天德一匱，王侯之貴，我視如鬼。或烈或忠，至賤之中，世欽如龍。我銘在野，日照月射，俾慎取舍。

吴節婦旌表門銘 有序

弘治癸亥仲夏既望，鄉進士瓊臺王君本清歸自京師，道出羊城，造予館，白曰：「宗源之母吴，海南衛處士諱昇之長女也。幼失怙，終鮮兄弟，獨勤紡績，具甘旨以養母，衆以孝女稱之。甫笄，歸宗源父鑾，事翁姑咸得其歡心焉。姑俞之疾且亟也，默禱於神求代。其後，翁之卒也，斬服治葬，挺挺如丈夫子。雖家無奇贏而能勤儉幹蠱，故食者繁而用不乏，内外禮法斬然，莫敢有犯之者。宗源甫四齡而父已見背矣，母齡時纔二十有六耳，抱宗源泣曰：『妾欲從所天於地下，爲妾計則得矣，如此王氏一塊肉何？』於是以節誓焉。寒閨隻影，淒然於孤燈敗杼之間，幾四十年，而冰霜之操如一日也。弘治乙卯，當道以狀□聞，詔旌表如例。時宗源粗有成立，衆皆以爲食天之報，今綽楔巍然大書玉音於其上，寔成周表厥宅里、樹之風聲之遺躅也。願先生序而銘之，俾吾王氏子子孫孫世不忘上德而思圖報於萬一焉。」予時卧病丘園，荒於筆硯久矣，獨思節婦卓卓如此，表之可以風動遠近，則文字爲有關世教，不徒作也。銘曰：

五星燭天，五嶽峙地。五倫在人，三才道備。五倫造端，寔夫婦始。生事死背，遺犬彘耻。卓哉節婦，中立不倚。家以孝稱，于婦克理。不幸失天，遽欲從死。回視呱呱，疇依疇恃。飲冰啖霜，壹志靡貳。天竟此定，神相厥祉。有命自天，表厥宅里。鳳毛五色，國賓是齒。作善降祥，天命有以。我序我銘，柏舟是配。扇此淳風，作範世世。

東所先生文集卷之八

祭文

祭白沙先生文

烏虖！天地中和之氣，東南川嶽之靈，鍾而爲不世出之英。爰自束髮以至皓首，一本之以至誠。巋然樹斯文之梁棟，卓哉啟百世之師承。超然遠覽，邈出八紘。盡脱去秦漢以來諸儒所學之捕影逐響，遠追宗孔孟以前群聖所得之惟一惟精。其始用力，妙契乎勿忘勿助；其卒收功，遠到乎無臭無聲。襟懷洒落，真前賢之光風霽月；文章正大，又古作之玄酒大羹。散而爲禮儀威儀之三千三百，酌而爲春秋與敚之或重或輕。觀其藝，如字畫之妙，亦侔造化；考其行，如孝悌之至，且通神明。平生不以著述爲事，自然著述若烟雲之浩蕩；不以節守自居，自然節守奪金石之堅貞。其造詣之深、力行之篤，可不謂之大成者耶？雖高棲遐遁，杳若振衣於五峰雲漢之表，濯足於八溟水月之清，而其心未嘗不惓惓於朝廷、皇皇於蒼生，真子思所謂「極高明而道中庸」、程子所謂「情順萬事而無情」者也。是以貴人達官無不願造其廬，市兒閨女亦且咸知其名。覿德者心醉，聞風者化行。惜乎經天緯地之才，徒吐露於駕天風弄海濤之篇翰之富；然而扶世立教之功，了不下於救洪水驅猛獸之事功之弘。至於不言而人自信、不戒而物自懲者，其玄德感化之機，又豈世所得而稱哉？抑斯言也，可爲知言者道，而淺薄者或以爲矜也。嗟夫！死生朝暮，達人固不累於幻形；道喪人亡，天下誰不痛兹典刑？而況詡也受教門牆二十餘齡！仰再造之恩，結歲寒之盟。使復聰於既聾、續明於既盲者，誰之力與？而今而後，棟倒山傾，何資何仰，何信何徵？雖涸東溟之波、枯南山之竹，亦曷足以寫孤恨之冥冥乎？烏乎，痛哉！

祭莊定山先生墓文

於戲！先生莊公，挺生江浦。起家科第，拜官玉署。上元應制，爲慶燈舉。公率同志，奏曰無補。君臣賡歌，喜起是取。荒嬉生亂，爲戒自古。坐是忤旨，謫官遠敘。俄復南畿，尋以憂去。嗣是以來，閉關掃軌。載詠載絃，孔規孟矩。沛然有得，發之詩趣。鳶魚活潑，江河流注。或謂詩法，妙契天吐。書得三昧，皆公餘緒。有偉石翁，興道南土。公實尊信，推爲宗主。多士雲歸，翕然鄒魯。自況桐江，九鼎一縷。疊見薦剡，徵起亦屢。公漠不聞，冥鴻高翥。晚年一出，豈曰無故。知其深者，江門漁父。公卒未幾，輿情舛午。澤竭山焚，無間出處。悲乎痛哉，其命其數。走也顓蒙，齠齔知慕。卯亥之歲，傾盖公宇。絲麻滿前，菅蒯足數。賴公激發，懽欲起舞。所嗟頑鐵，斯望竟負。二十年來，病不出户。吾才竭矣，志則未蠱。北望長江，公墓何所。束帛褁香，以代樽俎。臨風三嘆，有涕如雨。

祭劉太保文

惟公青春黄甲，沛然懸河之才；金馬玉堂，燁然華國之器。其得君而專政也，鳳閣鸞臺，慨然行道濟時之心；其急流而勇退也，芒鞋鳩杖，超然箕山穎水之志。故其入相也，朝廷爲之清明，士林爲之增氣，黎庶以之康寧，四夷於是仰治；其罷相也，朝廷如失股肱，士林如失左契，善柔不得安生，强梁罔知所畏；及其不幸而薨也，當宁爲之震悼，士林爲之憔悴，彼善柔不勝其驚惶，雖强梁亦爲之辛鼻。是則公之一出一處，治否所繫；一始一終，俯仰無愧；一生一死，哀榮兼備。可謂道不負明時，而德稱其高位者矣。某等夙瞻風采，每聆高議，骨肉情懷，金蘭氣味。方仰威鳳之來儀，遽聞凶訃之遠至。嘆執紼之無由，徒臨風而隕涕。夫豈但斯文凋喪之傷，抑深爲國失老成之喟。

祭大司徒李公文

惟公鍾靈毓秀於崧高，乘時奮興於盛世；胸次藴旋乾斡坤之機，筆端有剸犀斷金之利。其氣象巍乎如喬嶽巨川，污疾得空窿之閉；其鑒識皦然如寒潭秋月，否臧無寸雲之翳。惓惓忠愛如葵藿之傾，滾滾從善若江河之沛。是宜翊贊我聖神文武之君，統領國計民命之寄。昔公發軔，起自科第，爲才御史，繼遷臬使，摘剔如神，艱險不避。荐歷内臺，轉居卿貳，猷爲克展，聲名茂著。既而病歸，尋亦召起。迨我聖天子御極之初，而公已裒然居六卿之位矣。故嘗考公之行事，雖不爲危言激論，而恒定邦國之是；雖不欲明目張膽，而每作士夫之氣。決似是之非，如雋不疑；救垂死之命，如張廷尉；容小人之過，如婁師德；集衆善之長，如宋韓魏。是以簡在帝心，累乞骸而不許；澤被士庶，咸仰德而無已。彼正人端士固愛其蘭芝之相契，雖奸邪諂佞亦悦其鸞鳳而不鷙。奈血氣漸衰，足疾爲累，乞休得遂，恩波汪濊。雖公之勞績在朝廷者不可泯，亦見聖情念公者於是乎至也。浩然而歸，無何則飄然而逝，豈不可爲之痛心矣？某等聞訃驚傷，奔吊無計，庸率群寮，遠陳薄祭。蓋所以爲世道之悲者深且切，而朋交之恨、同官之情，姑在所置也。

祭羅亞卿文

惟公生長先賢倡道之鄉，出際文明極盛之世，故能以英邁剛果之資，而成碩大貴美之器。譬之名駒墮地，伯樂已識其爲絶塵之姿；秀幹出林，公輸已知其有參天之勢矣。既而名登甲科，官居近侍，持斧衣□，凜然范滂攬轡之志；激濁揚清，慨然李膺風裁之厲。及其司憲外臺也，風猷之美益張，冰檗之聲愈熾；其巡撫邊陲也，兵民服其處置之有方，戎虜畏其守禦之有備。用是士林交口譽之，朝廷待以不次。如公者，豈非架明堂、棟清廟之大材，飽一石、凌千里之良驥也與？迺者皇上軫念公勞，擢居卿貳，豈期綸綍方降，公已溘然而先逝。烏乎哀哉！嘗聞自古名賢碩輔，其生也有自來，如申甫之降嵩嶽是已；其逝也有攸在，如傅説之爲列星是已。吾意公生而光明俊偉，殁必不與草木同腐，豈非昔之躍于延平之津，龍泉太阿之精，出而暫爲世寶，殁而化爲神龍，奔于上帝之庭者耶？某等於公，斯文有骨肉之契，同官有兄弟之情；生雖得盡心乎交處，死無以致力於經營。水天修阻，絮酒莫傾。緘詞千里，聊叙平生。靈其有知，鑒此哀誠。

祭大參劉朋節先生文

頃者海南，黎賊蜂起，荼毒生靈，血流千里。當道憂之，檄公往弭，即日戎衣，躬抵賊壘。兩兵既交，有進無止。天未悔禍，竟斃流矢。空拳猶張，兩目怒視。切齒自誓，死作厲鬼。嗚呼！人莫不生，生如夢耳。維公之生，清忠雙美。人莫不死，死則已矣。維公之死，舍生取義。巡遠之節，信無彼此。杲卿忠憤，子龍膽氣。浩浩英風，掀天揭地。一身之微，綱常攸繫。成敗利鈍，非所逆計。桓桓者公，廟食百世。左位憲使，右參政配。天理人心，終當不昧。

祭妹夫姚憲副應龍文

自君服闋，治任北上，舟經五羊，握手惆悵。孰意改任，剛達湖湘。權奸禍起，罹不測殃。鐵嶺謫戍，垂死三年。君曰命也，自咎機先。尺牘頻來，期以莫景。依小西湖，希賢希聖。權奸尋戮，遼海賜環。行李度嶺，將及鄉關。二豎爲禍，藥餌弗效。五十三年，如睡一覺。復官滇南，已下詔旨。身後遺榮，長恨曷比。余妹配君，雖曰四年。中間合巹，僅數月焉。煢煢在疚，手抱遺孤。寒燈隻影，君其知乎？生如夢蝶，死同脱蟬。有志無命，果人果天？所冀賢子，往往偉器。繼述不亡，庶其在此。

祭陳節婦林氏墓文 白沙先生母

恭惟節婦，女流丈夫。芳年失天，冰雪孀居。三遷爲教，不疾不徐。剪髮待賓，輟己恤孤。

邃古名德，不學而符。事天德備，天報亦如。子成大器，爲命世儒。繼往開來，聲被寰區。達官貴人，來謁里閭，必也請見，拜稽庭除。甘旨之奉，俯仰之需，雖曰節儉，亦鮮不敷。壽躋耄耋，聰明不渝，一旦而化，神歸太虛。生榮死哀，何羡施朱。表厥宅里，載之史書。久而愈光，玄照同舒。詡自辛丑，瞻依鳳雛。一見執手，國士見呼。愧無點趣，濫咏舞雩。一語一默，一止一趨，無非至教，顧我懵愚，既無寸進，反滯迂疏。未成而化，悟徑遂蕪。辱此椎鑿，頑鑛不祛。一日精進，一日踟躕。自江門返，棄官卜廬。誓不成學，不返斯途。兼以憂病，中間絆拘。訃至不奔，柩出不扶。雅曾貢疏，賻以束芻。究心終愧，死有餘辜。今之來也，豈遂拙圖。學雖未就，決志捐軀。在天之靈，愚衷可誣？峨峨馬鬣，牛眠之墟。宿草自青，春雨又濡。潔我瘠牲，酌我清酤。辭以緘情，痛如裂膚。

傳

雪軒先生傳

浙之東有偉人曰雪軒先生者，姓吴，名則，字宗法，雪軒其别號也，世居宣平。先生有大才略。正統己巳，閩寇起處之民多附之者，其勢滋蔓浸淫于數郡之境。朝廷命大司馬孫公原貞討之，知先生猷謀出衆，以禮羅致幕下，資畫策焉。時邑有三岩者，勢峻險，民多避難其上，脅從之衆往往有知禍福向背而歸者。大司馬以先生領其衆。先生推赤心人腹中，衆始讙，後悉帖帖然。寇平，大司馬欲并屠之，先生力諫，以殺降不祥，且其中多善類，決不可。不聽，乃大哭于軍門曰：「經不云乎，『殄厥渠魁，脅從罔治』，矧某拊循之時，業已許以不死矣，苟違之，是重某弗信于民也。弗信而生，孰與信而死？請先就死。」大司馬爲之感動，卒免，所活者無慮數百人。奏功，授鮑村巡檢。景泰間，分麗水爲宣平，復以先生董其役。大司馬曰：「難平邑作，爾之勞居多。餘木悉歸爾治第。」先生曰：「芟夷大難，一方獲安，某也受賜大矣。且官物不可以入私門，某不敢奉命。」大司馬益敬之。遷華亭縣簿，首疏子下民、濬河渠、禁賄賂十事于朝，皆賜可。松之地狹於蘇，而漕數反出其上，疏減北運糧一萬石。事載《雲間誌》。在松十年，年雖半百，而顛毛種種矣，蓋焦勞之過也。既而乞身歸，卜築申溪之東〔二〕。日構祠以祀先，修譜以收族，暇則徜徉於烟雲水石之間，不知有形骸耳目也。先生預知生死。成化庚子，以其子仕偉世美領鄉薦，笑謂曰：「吾年盡於壬寅之三、七、十一月。若後當舉進士、居顯官，惜吾不及見之矣。」已

〔二〕　白沙先生《吴主簿詩三首》，所詠乃吴則「軍門止殺」、「過與弗取」、「卜築西溪」事。其中「申溪」，白沙先生詩作「西溪」。

而，是年三月寒疾作，七月腹疾作，皆愈。十一月，世美掛牌榜，因往縱步觀之，遂造邑宰何公所焉。何以其疇昔絶迹公庭也，爲之驚喜，因爲先生設饌。酒半，先生曰：「過今日入明日，爲十二月節，吾或者其免夫。不然，吾即此長往耳。」衆笑以爲未必然。至夜，果得脾風，亟輿歸，則倏然而逝矣。其後世美舉庚戌進士，爲禮科給事中，得循例封先生如世美官，一如先生之言云。先生生有異質，經史之外，傍及醫卜法家者流，靡不該通。幼以孝聞，祖母葛患癰，先生親爲之吮，七日不謝冠帶。性少飲，然遇賓客留酌，必百晝勸令至醉乃已。遇童稚，待以成人之禮。或留客信宿，必躬爲之視其衾枕盥洗。其爲人謹厚又如是。謂之偉人，非乎？東所先生曰：「予十數年前遊京師，有以感應之事告者，其言曰：『某所有某既没之七日，儕人某夢其疊九案迴立於上，手持一黄紙，若今詔勅者，呼而謂曰：「上帝念我三岩活人功多，趨令上昇，此詔書也。」若其爲我亟歸語我豚犬某。」』及久，言雖在耳，然忘其姓名及所告者爲誰何也。」去年春，世美奉命來廣，事竣，間訪予，相與觴詠于竹林之間，偶及之，乃知其爲令先君雪軒先生也，異哉！先是，世美以先生挽見託，當時所具狀未詳，予以意得之。後讀先生家狀及白沙先生挽，與予意合，予亦自喜，以爲不失之於驪黄牝牡之外。合前感應之事觀之，予與先生精神往來，蓋不以生死先後隔也，固也。異哉！世美英才遠識，其在朝廷，志在裨補；及使于廣，愛民下士，卓有使臣大體。與予講論，遂爲知己。予所以望於世美者甚重且大，則又知史伯所謂「有大功而其子孫未嘗不章者」，於先生爲有徵，故傳之，爲天下後世道焉。

説

虛所説

予友大方伯方松厓之冢嗣重杰，以通家子弟禮謁予，甚恭。間出其虛所卷，請曰：「願聞至道之要。」予曰：「子莫誤，予非知道者也。子莫誤。雖然，敢不盡其愚？姑就子虛所而發揮之。先哲云『心兮本虛』，蓋虛則通，不虛則塞矣。然則體道者，舍虛奚以？又曰『虛以受人』，蓋虛則無物而有容納之地，否則反之矣。然則求益者，舍虛奚以？莊周以爲虛舟觸人，雖有褊心不怒；以至《騷經》所引王子之詞曰：『虛以受之兮，無爲之先。』文公朱子以爲實神僊不死之要訣。然則應事與夫攝生，舉不能外焉。得其要，則可以體道，可以求益，可以應事，可以攝生。天下事無大小，蓋無乎不可也。至哉虛乎！其天地之根、性命之蒂乎！」曰：「虛有所耶？」曰：「虛無聲臭、無形色，安有所謂所者？然朝斯夕斯，必有事而勿忘，如所謂所其無逸之所，或以其所藏修之所爲所，斯可矣。」曰：「古今人從事乎虛者多矣，率弗克虛，支離其道，往往自用。平居侈大，談何容易，一涉毫末利害，心動色沮，卒喪所守，神氣枯瘁，未老而昏眊，何耶？」

曰：「虛，無物也。今而執之，則有物而反實矣。故虛自虛而我自我也。必克己以至無我，然後虛即我而我即虛，亦無所謂即虛即我者，則活水洋洋、妙用顯行而造化之權衡在我矣。此聖門千載不傳之的緒。其次因氣稟學問人人殊，不得已降而救病焉耳已矣，豈的緒端使然哉？」重杰妙齡，蚤以孝行著，兼之器識不凡，他日造就當遠到也。故予竭其底裏而語之，是爲《虛所説》。

東所先生文集卷之九

贊

白沙先生遺像贊

於戲噫噫，大道堂堂。其易也，鏡中鼻現；其難也，海底針藏。冒雨衝風，殆億萬回而始睇日月；跋山涉水，可千百轉而卒踏康莊。了成性之存存，致妙用之無方，所以能回洙泗千百載垂絶之正脉，投宇宙無紀極續命之真湯。雖天啟之不易，良人謀之允藏。遺容如在，道喪人亡。所賴者遺書數册，一一皆登性天之梯、濟道海之航也。

少參陳方壺像贊

此吾廣少參莆陽陳方壺先生入朝像也。質孕八壺之秀，氣奪木蘭之清，儒雅醞籍，朴茂老成，其人品如此，所以蚤占八閩之魁選，獨對禮樂於大廷。曩司諫於留都，屢陳忠懇；近救焚於南海，獨瀝丹誠。至于詩法得杜少陵之步驟，圖寫妙吴小僊之丹青。此出其緒餘，以遨遊藝圃、陶寫性靈者耳。噫！斯人也，使其大展猷爲於世，寧不與鄉之陳正獻、彭惠安諸公後先稱重於月旦評也邪？

古厓先生像贊

頎然如僊山之玉樹而抱朴含貞，卓爾如古器之敦彝而埋光鏟彩。示蒼顔白髮於鄉社，其元精灝氣殆孤鶴之控烟霄；見紆紫横金於仕途，其逸韻幽情儼閑鷗之立滄海。當其正色，挺凌霜傲雪之姿；及乎掀髯，舒吟風弄月之態。彼丹青者特寫其外耳，尚未知能極乎變化之類弗類也。至於錦繡其心膓，鐵石其肝肺，德能移風鎮俗而僅小試乎專城，力能旋乾斡坤而竟弗及乎大拜，遂使照乘奇珍甘混跡乎泥途，連城重價枉遭點乎蠅蚋。雖自古兮有之，而有識者安得不爲之感愧？此則走也直寫其内焉，然亦僅能得其大概云爾。

自贊

無道無德，無好無尚，藏身粟界而不見其眇微，浪跡象外而不見其曠蕩。既無用之可言，又何名之可狀？然則烏紗鷺袍、牙牌銀帶，此丹青者貌張地曹之世像耳。故曰見之不識，識之不見，若欲見之，不得取相。

題跋

書方正學先生文集

《方正學先生文集》二册，余友鄘時用以見惠者。先生天台人，其爲文如其人，譬之吕梁洪奔放激盪，虎吼雷震，聲聞于天，見之使人膽慄不能定目；而詞嚴氣肅，又如千軍萬馬，自天而下，不聞暗啞叱咤之聲。其文如此。其爲人氣節驚天震地，直與日月争光、山斗争高也，固宜。韓子所謂「本深末茂，實大聲宏」，夫豈不信？《文集》近年始有刻本在黄岩，時用之兄令兹邑，故得之。始予讀觀樂生詩，見先生前後二序及傳、祭文，又於宋景濂先生集中見有送先生詩二首及先生一贊，編者皆刊落其氏名，至云無名氏，而贊則此集未及收。烏乎！天地之間事事至如此，可勝嘅哉！先生孤忠大節，當與天地長存，固不係於文集之有無，然已燬而復存、已散而復聚，豈非天哉！予生也晚，於先生出處不及知其詳。而此集中次序殽亂，至有以元詩妄入者。蓋編者雜以見聞，不能無遺謬也，姑藏之以質夫長老。

書莊陳二先生詩

近年來，詩道之行，曰江浦莊孔昜先生、予鄉白沙陳公甫先生。二先生道重于時，而於詩則一掃數百年膚淺之陋習，自莊先生倡之，而陳先生和之，完然大音震響于時。烏乎！詩豈易言哉？自三百篇後，盛於漢魏，再盛於唐，其法嚴滄浪論之頗備，但以漢魏至盛唐爲第一義，而不泝流尋源，乃以三百篇在説外。譬之論史，但知《綱目》而不知《春秋》，其可乎哉？范清江編《木天禁語》亦有可采，但失之瑣碎。其他詩話、詩譜，皆隔靴爬癢、拖泥帶水，殊未有的見。要之，用功寔不外乎晦菴朱子所論。烏乎！詩豈易言哉？二先生之詩，予皆有之，朝夕諷誦，恍然如接其光霽而聆其言話。莊之詩精粹，如孫武子之師，紀律不紊，制敵取勝，動有成法，而出奇無窮；陳之詩豪壯，如郭令公單騎見虜，説以誠信，皆下馬羅拜，而卒成奇偉之功。此特論其氣象之大概耳，至其妙處，皆可以代爲之不能優劣也。後生小子妄論如此，他日走質之二先生，以爲何如。莊之詩得之陳秉常，陳之詩得之鍾地官，合爲一册，藏之巾笥云。

書白沙先生挽吴主簿詩後

傳謂其先「有善而弗知，不明也；知而弗傳，不仁也」。然而傳之非其子孫之賢、見重於道德文學之君子爲之表章，不足以信後而傳遠也。二者相遇，不其難哉？詡讀石翁爲括蒼吴君世美之考主簿公挽詩三絶，皆紀實。每詩首系以狀，亦猶朱子《綱目》大書特書而分註其下，百世之下讀之者，可以考見其人之賢之實矣。噫！主簿公贊畫大司馬孫公幕下，諫止脅從之戮者，有曹武惠之所存；功成一木不屑受，有魯連子之氣節；中年乞身，卜築申溪之東〔二〕，有鴟夷子皮之見幾。雖其時之否泰、任之輕重、事之大小有不同，然隔山見烟，有目者即知其爲火溪〔三〕。然則主簿公其賢矣哉！石翁見善如不及，有如主簿公之賢，不與之而誰與耶？世美以禮科給事中奉命來廣，事竣，如白沙，以惓惓顯親爲務，可謂知所重歟！既得諸作，寶藏之，將以傳之子孫，謂詡從石翁學者，俾一言跋于後。噫！以主簿公之賢如此，而有子如世美者以濟其美，而又得石翁爲之表章，是則主簿公之所立也，世美之孝思也，石翁之褒善也，皆可出爲世勸者。詡故忘其膚陋而樂爲之書云。

〔二〕張詡所謂「白沙先生挽吴主簿詩」，即白沙先生《吴主簿詩三首》。其中「申溪」，白沙先生詩作「西溪」。

〔三〕溪，疑衍。

題三峰雜集後

詡緬懷齠齔從先公出守撫州時，忽一日先公愀然謂詡曰：「吾不能爲二千石低首於人，吾計決矣。」因誦《遊西塔寺詩》，其末云「君恩好得深如海，許我投閑歸去來」。其後四十有五年，吾廣大巡高公三峰先生出示《三峰雜集》，中有次先公《西塔寺詩》韻，追感今昔，不覺爲之泫然。蓋公昔爲撫推，偶得饒生與語而有是作也。公於詡傾蓋如故，且嘗謬薦于朝。心乎道契，遂爲知己。中間彼倡此和，不一而足，具見于集，則詡託交於公，夫豈偶然之故也哉？因三復公集，聊復贅此于集尾。若夫公之製作，如秋水芙蓉，雖不假雕飾，然熟視之，有天然奇趣，迥弗可及。讀者自得之可也。

題真静王先生詩集後

曩僕抗疏，有「專静以怡神，内視以固本」之説者，蓋僕以多病，留心養生之術，而頗得其要妙之一二，故云然也，非敢妄也；續敘《節齋雜稿》，以諸葛武侯、陸宣公相業爲説者，蓋僕深知吾年友汝言内懷經濟，脱大秉用，必能事功上下古之人，故以之相期待也，非敢佞也。其後讀汝言尊甫真静翁詩集中《寄二十郎》詩，有「氣歸元海，水滿華池」之句，豈非深得養生之肯綮者乎？末又有早作「甘霖學傅岩」之句，豈非深知其子之所存者乎？於是乎掩卷太息曰：「古人云『閉門造車，出門合轍』，何鄙見與翁意相符契若是邪？異時萬一往來雲水之便，與翁邂逅於天台、四明泉石烟霞之間，拾圯橋之履，意者翁必曰『孺子可教』，而傾囊倒困出其奇贏以濟空乏，未可知也。惜乎翁老僕病，南海相望慈谿數千里，真風馬牛之不相及，徒挹清風於簡册而已矣。」汝言委跋，僭書此以歸之，于以見知音之難遇云爾。

題唐登瀛十八學士圖後

予友錦衣馬公家藏唐登瀛十八學士遺像一帙，一日出予請題。按文王在秦府時，開館延文學之士，以杜如晦等十八人爲文學館學士，更日直宿，討論文籍；使閻立本圖像，褚亮爲贊。士大夫得與其選者，謂之「登瀛洲」，蓋榮艷之也。烏乎盛哉！厥後文皇嗣統，致貞觀之治，卒食其力。或者議其不得人，如許敬宗輩。殊不知鄧林千尋必有屈幹，昆岡一開亦有碔砆。苟得一二人焉，亦可謂盛矣。昔舜有五臣而周有十人，孔子曰「唐虞之際，於斯爲盛」，蓋以其所得之人何如耳。唐三百年，賢相前稱房、杜，後稱姚、宋，四人者均有輔弼之功。而決策定計，爲唐社稷得賢太宗者，房、杜二人之力也，二人者雖非五臣、十人者儔，然亦可謂社稷之臣矣。王介甫讀《孟嘗君傳》，謂「得一士宜可以南面而制諸侯」，文皇得房、杜，其有天下致太平，宜哉！噫！

得房、杜而臻此，而況不爲房、杜者，得之其效當何如哉？ 予於此圖，摩挲三四，深嘆夫文皇好學重賢之足尚，彼十八人之優劣未暇論云。

題趙文敏公畫馬後

右畫馬一幅，乃勝國趙文敏公手筆，今番禺張君家藏者也。馬十有六匹，其態度各異，天機潑潑，咸有飛起之勢，其妙殆不可形容。烏乎！ 公之所長此而已乎？ 按：公名孟頫，宋安僖王子偁五世孫，性敏力學。程文海薦之，入對稱旨，即擢兵部郎中，官至翰林學士承旨。仁宗朝尤寵任之，嘗謂侍臣曰：「子昂人所不及者數事：帝王苗裔，一也；狀貌昳麗，二也；博學多聞知，三也；操履端正，四也；文辭高古，五也；書畫絶倫，六也；旁通佛老之旨，造詣玄微，七也。」烏乎！ 公之所長此而已乎？ 故楊載謂：「公才名頗爲書畫所掩，知其書畫不知其文章，知其文章不知其經濟。」予謂：「公立身立朝，危言危行，諤諤有氣節，知其經濟又未必知其此也。公襟度披豁，遇事洞達。故雖書畫小藝，往往精絶。」如此幅者，驪黄牝牡，造化於毫端。使公入相秉鈞當軸，其造就人材，何如進退臧否，何如敷施俊乂，何如拔茅連茹，鼎扶邦祚於無前，不在茲乎？ 九十年曆數而已乎？ 惜哉！ 徒見諸此而已。由是以觀勝國興亡修短，此而兆之。公之此筆，可以尋常遊戲翰墨者例視之乎？ 張君間屬予題，因書其後而歸之。

跋漳郡名宦鄉賢録後

壬申歲冬，余得周中丞知白先生見遺《漳郡名宦鄉賢録》一帙，讀之爲之悲喜交集。蓋先公嘗爲漳守，功德甚著，今與名宦之列，上與先儒文公先生及諸名公聯名位於祠之南面，且録狀其治行，刻梓以傳不朽，良足以慰先公于地下矣。因紀以二詩兼柬中丞，其辭曰：「故人周中丞，遺我書一帙。書名見漳郡，悲淚下承睫。先公名落中，治行甚昭晰。並列名宦祠，上攀晦翁轍。英名與嘉績，終古不可滅。」又曰：「先公守漳時，詡也方在侍。目擊撫字勞，旦夕忘食寐。漳人昏墊餘，救活不勝紀。獻言修闢功，兹特餘事耳。輿論終不虧，崇祠映天地。」今歲秋，漳守陳侯宗禹復以是録寄，兼之書幣俾序其端焉。余復書謂：「侯修文尚古，出於刀筆筐篋遠甚，第先公名諱在焉，何敢濫以乘韋借口先邪？」暇日因述先後得是録之故，并繫以拙製，爲跋塞侯責云爾已矣。若夫侯世家、科第及治郡之績，見諸公序者詳矣，豈待余言之贅哉？

跋鄧御史所藏白沙詩翰卷後

侍御錢塘鄧君良臣出示詡以白沙先生所書近稿，俾一言爲跋。噫！昔人論詩，以爲正得失、動天地、感鬼神；其論書，以爲神之所浴、氣之所沐，觀之者其心樂，其神和，其氣融，然則一詩一字，其有益於世於人也大矣，其可以詞章小技例視之乎哉？顧至之者鮮，而識之者尤鮮耳。譬如琴瑟妙音固在，而指法人各不同也；又如飲江河，隨其量之淺深而自以爲足也。此正昔人所謂「得之於手而應之於心，臣不能喻之子，子不能受之臣」者。顧以詡之凡陋，從遊先生之門日久，幸得侍於詠歌揮洒之間，耳目雖習而茫乎未得於心。故竊嘗妄論，以爲先生之詩之書，其工可學也，其神其韻不可學也。欲學之者，抑豈無其本歟？侍御君博學好古，得而寶之如拱璧，其意必有暗與謬悠之見合者，因書以塞所命云。

東所先生文集卷之十

五言古詩

和陶飲酒 十首

鷩魚樂深逝，倦鳥厭高飛。獨人不如之，可不爲之悲？失路陷荆棘，日暮還依依。家鄉隔山海，漂泊將焉歸。歲月不我與，兩鬢倏已衰。少壯不自力，老去願皆違。

山居復何事，卧聽松濤諠。先人有敝廬，亦在澗東偏。高榜出層雲，正對羅浮山。羅浮去雖遠，神往復神還。時逢採藥人，箕踞松下言。

有客遠方來，值此秋菊開。貌古韻更古，人物疑無懷。與我説竟日，意合無少乖。我因問動止，略述渠所棲。聞言驚嘆久，隔此如雲泥。我有龍唇琴，願公爲調諧。彈罷各一杯，賓主花間迷。再拜再問公，兹去何時回。

海天碧萬里，三山落中隅。雲水隔千里，欲進無一塗。扁舟不可泛，高車不可驅。中有一僊翁，壽可千歲餘。還入松脂林，結此丹霞居。

取我一斗酒，對花斟酌之。人生如轉燭，爲樂當及時。不見古之人，念兹而在兹。行藏各有分，奚爲自懷疑。從今至老死，冰霜善自持。

清流多亂石，白雲滿青山。山中歛膝坐，竟日無一言。醉來已失我，閒極忽忘年。述以五字謡，取適非取傳。

大道自圓活，無情生有情。四大且無我，何況世間名。頹然秋菊下，把酒笑浮生。醉來枕片石，寵辱了不驚。茫茫宇宙内，無成還有成。

此道没人我，那知非與是。應物如懸鑑，妍醜自毁譽。孳孳秉智炬，正坐多事爾。願君取吾言，吾言良不綺。

壯年出從事，携書逐群英。宇宙自本體，於世誰無情。但愧天機淺，逢人輒披傾。匪煩則傷誕，何異秋虫鳴。長歌歸鹿門，採藥終吾生。

海濱有一士，矯矯雲鶴姿。獨來還獨往，高拄一藤枝。或時入廛市，與衆無少奇。或時就上方，嗒然無所爲。生死且無與，名利顧可羈？

彭澤縣謁陶靖節狄梁公祠

淵明柴桑士，志耻事二姓。梁公居宰輔，回唐於革命。出處若不同，志節日星炳。千載彭澤祠，遺容肅然並。令名廬阜崇，清節鄱水映。

題松谷

山行三四轉，古木插太清。下馬問我處，一谷通洞靈。古木是何木，盤根盡茯苓。月明風雨至，白晝雷霆驚。時復疑王喬，雲裏來吹笙。道人不巾鞋，一氅五銖輕。盡日無言説，松花落滿庭。塊坐復塊坐，飽聽松風聲。

三峰詩 有序

侍御内江高君大和以《三峰解》示予，蓋三峰之地，大和之先公岳州通守東厓先生之宅兆在焉。大和嘗廬於此，因以爲别號而寓夫永思之意，其視諸尋常取適者，異矣。予嘉之，爲賦三峰詩凡三首如左云：

三峰峙西蜀，高出雲漢表。四時秀有餘，萬古清不了。可望不可攀，仰止無大小。時起膚寸雲，爲霖蘇億兆。

睠彼三峰奇，中有牛眠地。惜哉一片玉，重泉千古閉。鳳去有遺雛，蔚爲王者瑞。無爲滯丹穴，大展凌霄翅。

羅浮起滄海，大洞天浩浩。招手兹三峰，交結勝管鮑。終古兩昂藏，一氣通旻昊。無窮仁壽福，力爲蒼生造。

贈費侍御還朝，用李太白韻

清名動兩京，高價重連城。神駿一過目，知是渥洼生。灑然出塵姿，而抱濟物情。布衣輦轂下，文擅倚馬名。風雲生兩腋，來從龍虎争。常懷致主誼，靡羡錦衣榮。小大各有用，所貴斯道行。割雞試牛刀，三年政有成。刀筆驚老吏，冰蘖騰芳聲。賢名聞九五，有詔速如京。父老挽君衣，感惠各霑纓。官居柱下史，正色率群英。天門高九重，仰視孤鳳征。手持三尺法，上佐日月明。請劒出上方，埋輪在都亭。帝念嶺海遠，燭之以法星。綠林縛封豕，瘴海剪長鯨。萬卉盡枯槁，值此甘霖傾。呻吟轉謳歌，懽若登蓬瀛。聞風遁豺狼，在一弛一張。鷹鸇不如鳳，霸道終愧王。驊騮一展足，萬馬空騰驤。功名置身外，楚得而楚亡。僕居四百峰，恍若墮醉鄉。公餘君枉顧，解衣坐茆堂。語及經濟事，此心共皇皇。汲澗當新酎，折荷當玉觴。名花當國色，妙舞十二行。鳥吟當妓唱，亦有音遶梁。君笑曰富貴，如朝露夕陽。風波一失路，齊楚遥相望。世態多風雨，人情逐炎涼。江山尚有改，人世豈不潰。僕答曰誰哉，大舶濟滄海。聖心寓擊磐，高人樂鏟彩。既失兼濟誼，翻成獨善罪。規規與君居，在我無卷舒。知心語未足，遠别將奈渠。堆盤有蕉茘，設饌無齊菹。維時七月半，新涼滿郊墟。君行趨北闕，僕行邁南楚。青玉環五峰，左右如龍虎。東南翳日月，山下迷風雨。長卧此山中，何處尋太古。有時醉峰頂，漱齒九龍泉。喘與九天接，息與滄海連。人生如夢耳，萬事堪舍旃。顔回與禹稷，各撑渡人船。浩浩本來然，自餘皆浮烟。東山天下望，領命自九天。見僕極口道，道君如范老。爛熟天下事，惜哉麻未草。二妙聚一堂，德星應蒼昊。顧僕蠛蠓然，毅然任斯道。東山千仞岡，竹窓百尺樓。東所何爲者，方寸有十洲。仁賢共出處，正當五百秋。醫國無雙技，人材第一流。邇聞邊報急，烽火照皇州。兩公韓范略，當解倒懸愁。費公正紅顔，劉公已白髮。用材無老少，衆星讓孤月。人才當此日，萬紫雜千紅。遺逸有麟鳳，可禮不可櫳。誰體上天意，誰敦下士風。元氣儻不息，天道豈終極？竚看九苞來，文章成五色。山龍補帝衣，火藻備粉飾。萬里秋水襟，飛上梧千尋。端居守淵默，萬玉宜森森。君從今日去，兩情江海深。杳然山水隔，尚嗣金玉音。贈君無白璧，贈君無黄金。贈君唯白雲，贈君唯此心。憶我抱憂歸，一病十年來。志如江漢決，萬牛挽可回。銜環意空切，奏賦心已灰。昨聞君有意，封事薦凡才。吾君古神堯，憂勤理治秋。自有商鼎任，徒勞杞人憂。我著我蓑去，桐江釣碧流。經綸付公等，及時展壯猷。功成儻身退，尋我五峰頭。

送少參羅志仁入賀

論交二十年，倏如飛鳥過。余望空山歸，君領雄藩佐。飛宿胡然殊，擇棲各得所。君今萬里行，王程不少阻。後會量有期，我歌君必和。雲雷贊經綸，道在無不可。江樹含離情，茅堂出別俎。

七言古詩

題江憲副所藏盛行之畫梅竹石

豸史江公好種樹，疎梅瘦竹百般許。亦有怪石中離立，近觀遠觀皆有趣。江公仕宦掛金魚，年來六十歸懸車。風雪閉門剛此對，千紅萬紫都不須。草堂一軸畫高掛，怪石之怪見者詫。平泉醒酒未足珍，得恐初平精魄化。紅梅臘梅參差開，點畫殊自天然來。山谷見之當二絶，逋仙馬首應遲回。亂竹數莖尤自好，酒酣想像一筆掃。今人誰復更王猷，未必見君肯傾倒。吾聞江東盛行之，畫史之中此白眉。請觀放筆爲此畫，若與造化争神奇。雖然畫亦竟何取，玩物喪志古人語。勸君見畫莫便誇，且看江公真意處。

題雪舫草蟲圖

雪舫前身錢舜舉，草蟲妙得寫生趣。別駕携來訪草堂，觀物眼開顔慘沮。蔓草芝蘭正不分，駑駘騏驥兼共處。畫工畫筆縱入神，麟筆聖意未知主。嘉蔬玉食鼎鼐需，胡爲下與百卉伍。百卉叢生不知名，岐農世遠昧損補。遊蜂衮衮苦不嘗，亂蝶翻翻炎自舞。妖螟往歲蝕太清，下食百蟲焦九土。安得舜絃此一揮，坐使薰風回太古。吁嗟變化物紛紜，造化無心何去取。君不見廟廊燮理坐伊周，昆蟲草木皆得所。

題斗山圖

繁星亘天斗斟酌，峻極無山岱宗若。惟人曰爲萬物靈，千年幾見聖賢作。淮南半涔儒仙流，牛刀小試南海陬。琴堂夜作三刀夢，海角天涯汗漫遊。臨岐出我一鉅軸，巍然山斗箇中收。欲携山斗過海去，斗大一州無放處。光芒萬丈燭丹霄，氣象千尋鎮環宇。羅浮道士來結緣，與君雲表相周旋。相期跳出九垓外，飄然揮手凌紫烟。登東固云託，騎箕未極樂。既然凋三光，豈但塊五嶽。物外無人煉大還，世上徒知慕韓學。

題畫菜爲羅方伯

菜兮菜兮始泥蟠，一朝尚膳趨金鑾。靈根中稟天地塞，奕葉下陋桃李繁。天然不似孤竹苦，英氣宜帶梅君酸。至味已實商說鼎，高韻耻薦金張盤。當其棲跡東湖地，百錢爭售如蜂攢。及乎虎嘯出扶漢，人以諸葛姓字安。出處大節如白日，芬香廣播天地間。丹青誰此奪天巧，寫入絞綃對喩壇。喩壇主人廣藩伯，知味平生作友看。每持資斧除惡本，長扇仁風培善根。蚤晚大拜入廊廟，即此一味呈琅玕。頓令蒼生無此色，多士和根如蔗餐。我當爲作菜君傳，萬古流傳定不刊。

次韻瞿憲副登粤秀山

昔人當此歌還舞，那知今作禪林幽。因山築臺幾十仞，綺羅爛熳青雲頭。伯圖一逐春雲散，建節袞袞來諸侯。興公每作長往意，安石或蘊蒼生謀。白雲悠悠自來去，高風一墮三千秋。梵王宫殿半風雨，中間檀越誰繼修。興廢百年如走馬，光陰多少逐東流。爭似仙境不在遠，往往泛海尋丹丘。只如此山在城郭，上有仙跡下龍湫。風月連床禪味淡，松風一逕翠烟浮。我家此去纔咫尺，瘦藤扶病每冥搜。觀迹雖同鹿門隱，壯心猶抱魏闕憂。姑蘇瞿公真磊落，一掬和氣春雲浮。法星幾載照南粵，碩德宜作濟川舟。居官只飲廣州水，尋幽還慕遠公儔。傷心烽火頻年起，四望茫茫郭壘稠。斯民凋瘵若大旱，碧天悵望雲油油。昔人論治亦可畏，廉耻道喪此其尤。履霜爲戒貴在早，未及風雨宜綢繆。但於一念在經濟，浮雲富貴非所求。浩歌長賦豈不能，肩輿或可陪鳴騶。一榻在公知不少，高誼愧我非周球。

送張靖州

先生真是古人流，寵不吾驚辱不憂。年壓五十始得官，論其豪逸之氣不以老壯而少休。酒酣拔劍輕拂拭，星斗光芒射九州。渠陽萬里楚天南，山水風雲俱慘淡。當歌對酒放金杯，風月乾坤吾頗濫。兵戎昔日千家哭，烽火疆場近頗肅。往問赤子今何如，寒吾有衣饑有粟。莫指慳囊笑老生，尚有平生半部經。

送鍾狂客應薦北行

君不見長安少年遊俠兒，鬪鷄走馬氣如霓。風塵著雨街街浄，花柳和烟處處迷。又不見金紫煌煌號卿相，甲第歌鍾爛相望。青娥皓齒歌宛轉，銀筝牙板聲嘲喨。去年匹馬入帝畿，風光如舊人事非。向日少年多乞丐，高門半改爲荆扉。轉眼變更便如此，千秋萬載何極止。往訪舊日東僯家，惟有一翁出納履。初時相見不相識，細説來因方大喜。問之多是感慨言，不覺相看淚如水。三月花明君始到，料得傷心亦如此。

東所先生文集卷之十一

五言律詩

春日

緑歸江水膩，紅入路花明。約伴采芳去，依山徐步行。真境詩堪畫，愁城酒可傾。尋僧知寺遠，雲外斷鐘聲。

九日獨酌

鳥啼秋竹静，花映小池幽。有酒菊堪對，無官身自由。重陽節又到，此日誰同遊。直須拚一醉，枕斷鐵橋秋。

冬夜

請看長江水，悠悠不待君。薄寒生永夜，朗月破浮雲。野草空教舞，山羊自結群。斜風燈影外，天籟不堪聞。

殘雨

殘雨積空林，林間絶鳥唫。水烟迷樹晚，漁響落江深。此路少人問，公家何處尋。酒醒凭竹椅，漏轉夜沉沉。

松坡

千紅萬紫外，愛此一坡松。遠意溪斜遶，深心霧半籠。長爲居士樵，不辱大夫封。一枕嶢然在，雲來便失踪。

宿野趣堂傷余舅之不見悵然有感

病起尋芳出，重登野趣堂。往來今燕雀，割烈此肝腸。庭月爲誰好，墻花空自香。徘徊不能寐，永夜據胡床。

七月三日自白鹿洞過開先寺觀瀑布泉

瀑布泉如故，龍池畫不成。匡山千古秀，鄱水四時清。尊俎開新釀，烟霞若舊盟。時逢賢郡主，細把故情傾。

與李子長約遊白雲值雨不果

雲山纔咫尺，未得一同遊。竹暗千巖路，崖飛萬丈流。藤枝還我步，詩句要君留。悵望將嚴駕，山齋雨未收。

過南京會員外兄

爲别三年久，相逢疑夢中。酒杯殊欸曲，行李暫從容。開口花同笑，歸心水共東。鴈來正寒月，鴿去又西風。

柬方文選

文園初謝病，信息已西湖。丹熟朱明久，漁歌碧海孤。清容思未覯，遠札意先乎。回首江山暮，峥嶸歲近除。

伯安雖後出，英氣蓋東南。未遂荆州識，先驚景略談。神交自古有，夢想只今耽。他日逢君問，何如昔澹菴。

訪陳宅

勝事今何在，流年祗自忙。好懷開小屋，醒眼到斜陽。鶯語諧琴韻，花枝映酒觴。野人何限樂，此樂復無央。

次韻周侍御見梅

一株香帶雨，千古爲誰留？冷蘂空鋪徑，疎枝半映湫。羞同春色競，直許歲寒酧。莫道羅浮遠，羅浮隔一洲。

乘除自天意，消息箇中占。萬草凋凌後，一株霜雪嚴。逢人聊折寄，調鼎遽容添。欲向成都卜，君平適下簾。

數點庖羲畫，根枝體用周。未舒佳實在，忽放異香浮。世界梨花夢，人心粉蝶謀。回頭爾孤鳳，百卉鳥啁啾。

次韻寄湛民澤

一月將迎絶，山齋夢盡清。又何消著意，更復去逃名。寂静元無得，圓融此有成。斯言捨君外，未欲向人傾。

别民澤後用韻寄興

知音自古難，何更恨餘生。一曲漁歌罷，蒲蓑風露清。浮雲作聚散，花鳥寄心情。别有處和説，歸來問廣成。

還此看雲坐，一塵都不生。水流花竹遠，山作武夷清。却有周流意，都無仕宦情。招邀幾僯叟，啜茗話秋成。

答陳廷舉見寄

憑誰秋問訊，近況定如何？花下思君切，吟邊苦雨多。打乖非邵子，真一且東坡。何日重携手，同聽漁父歌。

贈董少參

力解新藩佐，羞彈舊豸冠。十年淹嶺表，歸日逼冬殘。家傍天台秀，人尋洛社歡。子孫誰不念，遺以鹿門安。

贈端郡守黄伯望

每逢潘總督，開口話端陽。秋肅千山静，春回萬卉芳。才華今治郡，風采昔爲郎。輿論誰能廢？終當佐廟廊。

贈别林以永

北馬又南船，青氊十五年。毋天愁日薄，儒地愛春偏。適意多山水，留心是簡編。師門非孔氏，何處問真傳。

送大參王汝言捧表入賀

一表秋前捧，單車日下征。青春江海意，白髮廟廊情。聖壽天同極，臣心水共清。昇平如可待，司馬相皇明。

都門送兄子高

憐兄獨歸去，花柳禁城春。此日難爲別，東風忽趁人。天地雖爲客，江湖亦采蘋。脊令沙際急，目斷一霑巾。

三月都門別，春光滿帝畿。鶯聲亂離思，柳絮點人衣。北地歸羸馬，西山駐落暉。如何一行雁，同去不同歸。

送人還川江

北風吹劍閣，細雨過長灘。去去還鄉好，悠悠行路難。花開應有覺，草色亦無端。明到三春放，高歌且劇歡。

憶李子長

草木欣春至，塵埃向日忙。笙歌聞永夕，風雨憶連床。一味千年藥，孤天萬里航。白雲今已散，何處問行藏。

五言排律

重經鄱陽湖

衆水之所匯，浩然成此湖。清流通楚蜀，高浪拍匡廬。潤澤功須有，朝宗意不無。烟雲任遮障，日月共盈虚。斗酒青蓮醉，扁舟范蠡趨。奔波吾老矣，懷古嘅何如。一矢殲陳虜，多方定禹謨。康郎有遺廟，人極此中扶。

輓卑牧先生

南楚此人傑，初官來守滁。救荒無饑莩，廣蓄有儲胥。借寇恩仍許，思何事不虚。剖符兵甲地，露冕雪霜途。獄斷空冤滯，衙居僅釜魚。便民甘受禍，爲國直忘軀。力可排高嶽，襟還隘遠湖。陶園巾灑落，洛社鬢蕭疏。積德緣先世，傳家見鳳雛。顯揚期在此，元凱佐唐虞。

東所先生文集卷之十二

七言律詩

秋日有感

滿天風雨倦登樓，獨引黄花酒一甌。壯歲妄希顔氏樂，衰齡深抱杞人憂。風雲空想千年會，山水聊爲半日遊。手把一編誰領略，萬松陰下坐科頭。

小西湖詠竹

竟日忘言對此君，參差碧玉勢淩雲。陰濃高蓋周遭立，聲動鈞天斷續聞。遶屋雲深藏鳳跡，拂波風緩顯龜文。傲然一枕羲皇上，吹醒涼飇酒半醺。

高涼郡判吴君遺鶴

宴樂亭臺近落成，誰將一鶴伴孤生。秋深月長青田影，日上風傳碧落聲。對客舞時誇獨步，穿松行處號雙清。高涼半刺平生契，知我元無玩物情。

和沈進士秋興

東去雲山幾萬尋，秋風使節未登臨。路經鐵柱看雲久，夢入蘭亭落葉深。籬落蕭騷食菊意，乾坤浩蕩濟川心。别離未動情先動，一夜江城急萬砧。

懷林見素先生時巡撫江右

八壺仙人携藥囊，囊裡多傳救世方。蓋頂有天開日月，車前無地著風霜。曾聞洛下歸司馬，又見朝端用李綱。東海漁翁身日遠，了無經濟得商量。

湖亭與翁山對酌

栖遲不必華山巔，釀熟磁杯與客傳。半餉劇談花塢日，兩人深坐竹林烟。此生聚散浮雲耳，舉世升沉春夢然。一醉忘情君便得，不須回首問蒼天。

聞當道上薦剡

疎狂性本處時難，豈是平生不愛官？世際唐虞堪擊壤，事逢貢禹耻彈冠。空遺春雲千岫白，莫酬豸史寸心丹。而今只好師康節，安樂窩中笑美丸。

次韻歐元珪二首

如許清才屬妙齡，眼中皂白自分明。一囊風雅包長吉，滿紙雲烟掃率更。既把鳳歌非楚隱，肯將蚓操是於陵。南遊再得真丹訣，管使成功似折莛。

東籬采菊制頹齡，忽見南山眼自清。山水高深懷古調，雲衣蒼白任流形。病軀垂老依衡嶽，血淚無緣灑孝陵。枉把賤名污聖聽，自知孱力不勝莛。

次韻曹太守海珠寺

中間一座歸禪宮，四面如山浪拍空。雲影不遮仙樹碧，波光長映佛燈紅。依稀蓬島移塵外，婥約金山在眼中。閱盡興亡知幾代，誰能回首問蒼穹？

聞督府上薦剡

春前一疏擬投簪，春後臺端聞薦音。慙愧虚名污奏牘，了無實用濟當今。食芹謾有先民意，采菲其如督府心。目斷蒼梧人不見，高山流水在孤琴。

次韻懷陳以道台守

絃絶琴韜憐伯牙，滿江風雨任横斜。歲寒後有松筠操，春思先舒桃李花。南粤山川朱鳥下，東庄風景白雲遮。行藏堪破浮烟耳，自古侯門隱賣瓜。

讀篁墩文集偶成

前輩才名後輩聞，未從江海挹餘芬。文章可但堪華國，講讀多應善啟君。施貌入宫應有妬，疑金到底竟難分。惜才誰體希文意，千古程文繼柳文。

讀陳少參止採珠疏

採珠爲害可勝窮，誰瀝丹誠達九重。已見地方遭水火，寧驅民命飽蛟龍。薇垣信有回天力，草野寧知曲突功。如此醫和堪活國，幾多藥裹肘囊中。

次韻寫興呈駱明府

白屋寒生儼雪飛，江城春半未班師。誰知衰病懸車日，目擊干戈遍地時。唐肆不來千里馬，甘泉猶奏九莖芝。使君小試調元手，兩袖春風放莫遲。

寄題杜少陵成都草堂

草堂還照浣花西，千載公神一主棲。遺句我今粗領會，見賢誰此不思齊。共知詩史宗三百，可但規模掃六迷。人去溪山風月在，楓林依舊子規啼。

題李都閫琢玉軒詩卷

瀟灑幽軒名琢玉，淋漓醉墨欲生波。一枝玉樹人堪比，滿卷陽春調可歌。克己功夫同衛武，連城聲價重廉頗。恩承霄漢金莖露，餘屑將來一處和。

聞見素先生謝事歸莆陽喜而有作

經營勞勩鬢搔銀，西蜀功成便乞身。一舸圖書只如舊，八壺風月又從新。交遊晚覺江山遠，色笑空親夢寐頻。安得病軀生羽翼，乘春飛去木蘭津？

按治周公命有司爲予築草亭三間於小西湖之北。予峻辭弗獲，且感且愧，紀以是詩

城西一畝也堪宫，更賞新亭結構雄。樂道清時非戴簡，買園古洛又文忠。鶉居豈有離人意，觳食偏無濟世功。目斷長江秋色晚，欲從何處送飛鴻。

重陽日懷羅夏官道源

亭臺新構小湖西，節屆重陽誰共躋。今雨暫爲千里别，明年還許一尊携。秋英笑折盈頭插，詩句新裁刻竹題。醉裏相思何限意，隔林時聽鷓鴣啼。

蒼厓爲侍御周襄虞先生題

一厓高控澥東西，上柱蒼蒼下映溪。秋色迥連滄海闊，晚晴偏覺萬山低。擎天終古何由

壞，拔地無階豈易躋。我欲振衣酬仰止，錢塘煙水榜舟迷。

除歲次周侍御韻

臘殘宇内漸回春，滿目青紅又一新。到了鳳凰還萬仞，羞因鼷鼠發千鈞。篇詩擬贈朝天客，杯酒堪娱守歲人。病去不知年歲改，鷺鷗依舊只相親。

將往白沙

衣冠今代又東周，南望江門柳渡頭。紫水黄雲來短屐，青天白日放孤舟。年來愛客常投轄，老去傷心獨倚樓。願借金針同出世，十洲三島謾遨遊。

金陵

于斯定鼎握乾符，壯矣規模近古無。四海舊邦文物地，萬年昭代帝王都。文謨武烈傳孫子，虎踞龍盤入畫圖。悵望九霄龍馭遠，遺弓抱處淚如珠。

至虔州會故人蔣中丞誠之先生

一別中丞二十秋，朋簪今喜盍虔州。西江開府逢新政，南海攀轅憶舊遊。宦轍萍蓬渾莫定，斯文膠漆素相投。乞骸會有重來日，准許江山半餉留。

下十八灘

初伏舟經二水寬，儲潭稽首祝平安。迢迢客路三千里，曲曲江流十八灘。老矣無才堪用世，徒然有疏力辭官。此行端爲趨君命，名利茫茫總不干。

立秋節舟至安慶

人過舒城感立秋，金風四起大江流。廿年東海持孤釣，一旦南都賦遠遊。漸覺薄寒生客袂，直憑清酤解離憂。衰遲跋涉那能惜，汪濊君恩特此酬。

泰和舟中值中秋節與友人玩月

潦倒江湖百不能，逢君殊覺喜懷增。停舟共賞中秋月，促席高燒兩夜燈。國士低回心耿耿，客途跋涉鬢星星。明朝又作澄江別，快閣無心擬一登。

泰和舟中懷羅道源少參

舟泊臨江喜再逢，聯舟相送過鄰封。百年友道詩篇裏，千里鄉情酒盞中。滿腹經綸緣此見，一腔春意爲誰濃？無因寫得相思句，尺牘秋風寄便鴻。

別金陵用前韻

萬里驅馳繳部符，高明還察此情無。晨披江霧朝陵土，晚來秋裝別帝都。進退無過經濟計，棲遲久絶名利圖。肯將小節虧終始，累世承恩忝作儒。

舟經吉水讀玉屑集有懷羅廷評惟升

短楫秋風不暫停，未從江海嘆飄零。東傳吉水羅評事，詩詠金川練子寧。拄笏看山吟甫就，倚蓬捫虱酒初醒。鶉衣未補寒先透，旅況淒涼秖自怜。

題貞節卷

珠玉携來誰氏卷，爛然照我小西湖。綱常若論渠貞節，婦輩翻嗟烈丈夫。綽楔光騰今宅里，丹青誰貌女師模。休言世道無關繫，一髮千鈞賴此扶。

督學先生粹夫枉顧話舊偶成

杏園同作探花遊，一隔雲泥三十秋。誰在桐江扶漢鼎，公親瑣闥侍宸旒。明珠南海無遺憾，諫草先朝可盡收。休嘆頹波難復挽，直憑底柱屹中流。

至日懷吉夫侍御

盡日蒙頭巖户扃，停雲何處最關情。坐忘自覺元和復，夢破誰知寵辱驚。短榻風連南岳秀，長笻月漾粵江清。何時載酒償前約，看竹亭修近落成。

次韻懷公覆

肯將英妙伴虚名，相對湖亭一榻清。稍帶醉容非惡客，絶無塵地是蓬瀛。貧交半逐春雲散，釣舫空縈夜月明。蚤晚朱陵吾放步，問君還許共西行。

仁和褚公廟

天目山高浙水深，褚公名節到于今。題詩顯慶千年蹟，走馬杭州萬里心。滄海月明精衛哭，紫宸楓落牝鷄吟。今人不見前人恨，迎送神歌是楚音。

次韻江憲副九日寫懷

取樂荒園便有餘，龍山何必事崎嶇。菊花釀喜今秋早，詩社人誇去歲無。萬古乾坤都只寄，浮生富貴竟何須？試將面目西湖照，已有秋霜點鬢鬚。

得秉常南安見寄

和句封來梅嶺外，看花人坐草菴前。昔年兄弟今分路，萬里風波獨泛船。伏枕覺還燈寂寂，傷心秋更雨連連。竿頭點檢絲綸在，乘月還來釣海天。

寄傲亭懷湛民澤

茅菴高枕白雲邊，日日松篁奏管絃。得飽秋霞聊抱膝，爲憐夜月或移船。清涼境自閑心目，安樂窩真遠市廛。何日杖藜還此願，試臨千仞弄飛泉。

次韻丘長史同年

江城風雨戰殘秋，萬事人間嘆謬悠。隨意漁竿温釣石，何人羌笛弄江樓。千篇擊壤詩陶性，三斗柴桑酒破愁。却憶旅亭丘長史，客懷鄉思滿歸舟。

和唐人賈至早朝

絳幘鷄鳴三殿曉，景陽鐘動九天開。南山日颺金杯暖，北闕雲扶玉輦來。近侍衣冠同拜舞，遥聞仙樂暫徘徊。明良已際唐虞盛，欲效賡歌愧不才。

次韻答劉瑞葵見寄

蕭颯顛毛任雪侵，八溟波杳笛聲沉。秋臨釣舫連陰雨，目斷浮雲悵古今。隔郡遠勞詩見寄，别君長是夢相尋。潮陽東望不知處，慢把衷情託素琴。

送王憲使

嚴霜飛盡入滇南，春意江山遠近含。廿載才名聞病榻，一襟經略見高談。活人不但參苓苦，澤物偏多雨露甘。試問南粤遺愛地，幾時重覩駐公驂。

送曹時卿赴湖廣鄉試

時卿過我西湖坐，全楚英材見此生。五色文章爲世重，百年吾道待時行。賢流素志非温飽，文士填胸有甲兵。早晚飛黄騰踏去，好將三策助昇平。

贈李德美僉憲謝事還麗水

直將天地作籧廬，名利浮雲了莫拘。到處有山皆可屋，閑來無水不堪漁。自知靖節閑居得，世哂東坡藥誦迂。非是平生高趣在，臨岐争遺智詢愚。

贈南雄别駕鄭元美謝事還莆田

廿載金臺幸識荆，四州别駕飲才名。青蠅白璧那能污，皓月長江空自明。五嶺初醒蕉鹿夢，八壺重主鷺鷗盟。白頭見素如相問，已辦扁舟訪嶽行。

送林總督先生東征

三春一道見飛霜，我旅如神我伐張。頭上有天開日月，目中無地遁豺狼。謝安談笑心存静，召虎經營事豈常。指日功成應奏凱，暖風歸棹旆悠揚。

寄都憲周知白先生鎮虔州

不見中丞今八年，范滂丰采故依然。共知鐵漢因遭蹇，權作金城且鎮邊。才大適逢多壘日，書成遥寄蚤秋天。鬱孤臺上涼如水，幾度懷人月正懸。

次韻答王監司叔毅

朱明古洞我閑居，竊似當年葛令廬。丹到九還無可煉，眼空六籍有何書？老便華嶺千尋枕，病怯公孫萬里車。咫尺行臺不相見，笑將信息付江魚。

送駱明府督餉西征

大舉群兇指顧戡，鄴侯責任付君擔。經綸南海民情便，生長西陲武略諳。舟破潮頭天外白，旆搖山色雨中藍。想應歸日新亭就，杯酒軍機坐細談。

客攜使交詩過讀次韻贈湛民澤

約向滄溟共濯纓，當時決意謝浮名。功名自會尋温嶠，昏嫁何曾累向平。書校藜光餘舊閣，使行燭影在新旌。星槎咫尺無由見，落日湖波空復情。

別周柱史

里門絶迹幾春冬，此日扶衰一送公。萬里青天誰着眼，一江寒浪自推蓬。交情磊落詩難寫，別意綢繆畫不工。此後雲山多阻越，清容除是夢中逢。

送潘仲魯黃門使交南

君行不是請長纓，舊制藩封事有名。此地先朝曾版籍，于今王土共昇平。九天雨露來恩命，萬里江山擁使旌。年少允宜投筆早，休教臨祖動離情。

答新安吴德夫見寄

枉把浮生嘆不辰，眼中草木又逢春。君臣分在知螻螘，賢聖生來即鳳麟。知己世難逢鮑叔，高情今復見汪倫。白頭感慨終何極，漫爾狂歌和郢人。

送高侍御出巡

春光當此半晴陰，法象天教嶺海臨。州郡每爲蠶食苦，旄倪專候使車音。埋輪直氣元無古，攬轡清風又播今。願得甘霖隨節注，炎荒到處起呻吟。

贈羅蘗山方伯入覲

海國秋風攪樹聲，粤山粤水送君行。八年四海維藩譽，萬里長驅入覲情。已見東南悲水火，還聞西北事經營。高材端合爲時用，安得如前谷口耕。

贈張秋官公瑞

棲跡西湖三十年，諸公海内辱稱賢。不知虚薄甘持釣，錯謂麒麟不受鞭。使節屢臨青璧外，漁船長繫緑楊邊。新知最苦生離别，明日明年各一天。

贈王司諫文哲奉使北還兼柬吴世美司諫

李泌當年一獻身，豈無高楫濟長津。觀風夷夏詩多采，補闕朝廷疏屢陳。阿閣九苞迴彩鳳，急風千丈挺霜筠。因君却憶吴司諫，曾以龍光射釣綸。

贈劉東山先生赴大司馬之召

身繫安危四十秋，公才合作濟川舟。和風甘雨人人悦，土俗民情處處求。西北烽煙今日急，東南凋瘵幾時瘳？平生憂國憂民意，心縱求休誼可休。

賀張靖州八十一

已作人間八十翁，清如秋水照芙蓉。極知鶴筭千年少，共訝仙顔壯日紅。浩矣風懷張子野，飄然詩興陸龜蒙。便當授與金丹訣，飛步蓬萊第一峰。

賀徐都憲巡撫山西

玉音初聽九重宣，共賀臺端此得賢。飲水已先清百粤，倒囊今急救三邊。廣東俗異河東俗，此日天同昔日天。出處大臣終體國，煙霞名利總難牽。

答廷雅明府

海康爲令倦逢迎，旅泊東南歲十更。毛遂終然看脱穎，横渠元亦好談兵。故山舊隱圖中見，去路新秋馬首生。想得留侯心事了，當年黄石是朱明。

贈梁宗烈

十月山南梅始花，恰逢姻婭到山家。茅茨旋設新蒭釀，風雨初歸舊釣槎。殿試才名聞輦轂，行程蹤跡帶煙霞。壺山回首滄溟畔，幾度扁舟訪白沙。

寄陳竹軒

門外春深草亦榮，黄鶯寂寂聽無聲。孤燈不盡連床意，陰雨能知閉户情。渺渺江湖勞遠夢，悠悠身世寄虚名。憑誰寄語陳夫子，更著扶槎泛月明。

賀別駕慎齋兄移居

父子移居同里閈，市廛雖近絶諠譁。一官蚤脱王祥駕，三徑何殊靖節家。鴻雁昔悲分世路，春令今喜共春沙。人生百歲須行樂，瀛水仙山況不賒。

送劉都憲子賢巡撫延綏

東南財賦今竭矣，西北烽烟尚赫然。此日北門煩鎖鑰，幾年南國借旬宣。安邊兵甲胸中有，活世參苓肘後全。自昔廬陵忠節藪，肯將勳業愧前賢。

贈曲江羅主簿

一别臨川十載前，中間消息兩茫然。高談忽向千峰接，美譽當令百里傳。小試昔賢多佐邑，舊交今日合忘年。飛雲萬丈吾廬在，笑約重來一叩玄。

贈博羅張知縣叔昭謝事還仙遊

識荆初憶聚賢關，屈指鶯花二十殘。治邑有才還製錦，干時無路耻彈冠。僊遊俗古人多朴，拱秀樓高世少攀。孝友百年如一日，宗門合作鄭門看。

送鍾狂客應薦北行

醉濡三斗墨淋漓，爲寫江亭送别詩。風雨閉門人病久，山花迎處馬行遲。楚江萬里來迢遞，越曲三聲唱别離。此日送君思往事，京華回首不勝悲。

寒潮急雨上江樓，青草沙邊艤一舟。人醉東風殊可畫，鳥歌斜日又堪愁。阮生送客能青眼，元亮求官尚黑頭。安得病軀生羽翼，陪君走馬到皇州。

小西湖别陳秉常

公來别我西湖上，我憶交公廿載前。呼酒且看湖上月，乘潮莫放夜來船。竹林笑傲煙霞古，客路驅馳雨雪連。何處相思還一字，便鴻須寄蚤秋天。

别羅公旦僉憲還任貴州

使車明日又西南，尊酒離筵各盡酣。故里流連温舊好，盛時經濟見高談。近海潮頭天外白，入湘山色雨中藍。相思他日知何限，莫惜逢人數寄緘。

送鄧侍御良臣還朝

九重耳目寄諸公，何處炎荒久駐驄。許國本無身可計，救時還有疏堪封。行囊空照寒江月，歸夢先隨雪嶺鴻。我欲贈君無可贈，白雲流水萬山中。

次韻方選部叔賢贈别

世臣分敢比山林，顔樂于今久繹尋。隨柳傍花如有意，行雲流水却無心。小西湖畔波濤杳，宴樂亭前竹木森。未到朱陵天廣大，休將意見測高深。

次韻楊京兆子山贈別

瞻闕留都更謁陵，一朝趨命豈無名？頭顱六十丹心在，客路三千白髮明。短疏血誠天可扣，暮年詩社事堪成。贈言慚愧楊京兆，知我曾無一念生。

次韻陳台州贈別

鄉曲於君長十年，一回相見一忻然。停雲屢入官舟夢，得句頻教嶺鴈傳。珠海曩時懷載月，銀臺今日愧徵賢。乞骸會有歸來日，四百峰巒一括全。

次韻李子長贈別

一入朱明古洞天，不將白髮計流年。歌殘溟海千波月，坐破羅浮萬岫煙。老矣圖書飛鳥外，依然風月釣臺前。明年記取班荆處，春雨桃花錦一川。

黄塘道中遇高三峰侍御話舊兼贈復命之行

如此高才屬妙齡，天教嶺海救生靈。先聲久矣摇山岳，藻鑑空然别渭涇。若水清風留郡志，李膺直節著朝廷。匆匆不盡平生意，一去孤舟杳八溟。

膠漆斯文此地逢，蒼厓之後又三峰。百年洒淚河梁别，一旦知心管鮑同。淅淅秋風雙短鬢，悠悠江水一孤蓬。微茫後會知何日，尺牘頻須託便鴻。

九日至家登宴樂亭

五月辭家九日還，亭臺高步一開顔。黄金遶宅秋風裏，碧玉聞簫夜月間。心事百年聊爾爾，江山千古只班班。鑑湖不向君王乞，一榻羅浮舊有山。

豫章弔徐孺子

孺子高風著此亭，淡雲衰草四邊生。蒲輪不解先生意，絮酒聊將國士情。丞相荒碑秋雨下，少陵煙艇渡頭横。徘徊顧景傷心處，缺月高飛麗太清。

采石弔李太白

一江風雨浪紛披，鼓枻長過采石磯。千載斯人疑不死，一生豪氣尚争輝。夜郎天闊冥鴻去，五老峰高白鶴飛。吟罷小詩天忽霽，醉呼明月滿船歸。

輓羅内翰一峰先生

一峰飛去萬山秋，宇宙無根總是浮。何處有人來白馬，吾生遺恨失金牛。沙鷗泛泛江天闊，湘水茫茫日夜流。獨倚西風頻北望，斷烟衰草不勝愁。

十年仰止清風洞，一夜悲君廣趣亭。涕淚縱横如雨注，笑談那復聽風生。洛下有人憂漢室，江潭何事著騷經？夜闌獨坐觀乾象，東壁今來少一星。

哭莊定山先生

蚤歲東南我慕公，天緣一旦幸登龍。朱絃白雪茅簷奏，瀛水神山曲徑通。滿腹經綸眠坐處，遍身風月有無中。天涯咫尺知何許，多少銘詩宿草封。

哭大參劉朋節先生詩 有序

弘治辛酉冬，海南黎賊叛。當道以大參劉公朋節清才宿望，檄往捕之。兵交，鯨鯢既翦，聞公斬其渠魁一人。而公亦竟死其難。嗚呼！人誰無死，公之死也，舍生取義，爲國而死，功名寫汗青，英烈垂千古，雖死猶不死也。世方寒心公受禍之慘，而不知公死之得所也。訃聞，哭之以詩。

薤露歌傳遠近悲，兩問志士古今誰？殺身取義名千古，賣國偷生快一時。白刃如公真可蹈，丹心到死肯教移？英風颯颯凌朱鳥，俎豆毛楊許並祠。

哭妹夫姚憲副

誰薦郎官入紫垣，共期霄漢快高騫。北行未究平生志，邊戍真成萬里冤。遼海賜環方度嶺，玉樓求記未歸魂。尋思舊雨西湖約，腸斷來箋共學言。

挽鎮北楊侯

邊徼盡還回紇馬，甲光猶射受降城。黄沙大磧春應遍，瀚海陰山月自明。馬革功名垂宇宙，麒麟圖像任丹青。北天夜夜光摇動，知是明侯大將星。

十月胡風浩浩吹，將營星殞北天低。玉魚何處蒙恩葬，鐵騎當年仰抹嘶。萬里長城關外設，三邊戎馬手中提。雲仍孫子多枝葉，主上臨軒又折圭。

東所先生文集卷之十三

五言絶句

答劉内翰見寄

萬事足無夢，一身輕亦誇。醉狂扶杖起，細數上籬花。

别劉公奇憲副 二首

東溟春浪曉，迴映豸衣明。安得杯如瓠，同斟萬頃清。

漁翁漁海上，愧負百年心。乍别同心友，離情海未深。

贈李士達進士

北來漢使者，秋枉粤山人。遥指飛霞上，青松掛月新。

贈郭生祐民大行劉德義甥

嶺海炎蒸地，誰來訪病龕。無緣起安石，空復見羊曇。

七言絶句

榴花下與柱史三峰立談感而偶成

石榴花下立清陰，人世勞勞慨古今。三尺龍脣千古調，豈期衰朽遇知音。

湛内翰將行悵然有感兼懷陽明子

細雨寒江此送君，相思時復到河汾。憑君傳語陽明子，我正扶衰候嶺雲。

秋江

煙水西湖身日遠，風雲北闕夢長牽。木蘭舊種千餘樹，刳作秋江小渡船。

小西湖竹林下偶成

行樂沿溪東復西，海風吹破薜羅衣。臺城無限相思意，緑遍蘼蕪燕未歸。

偶筆 二首

秋入閑門静菊花，舞衣旋剪水邊霞。醉來不記當時態，枕斷鐵橋秋月斜。

霏霏寒雨暗溪沙，瘦盡千峰菊始花。一月氤氲香不斷，夜來都撲釣魚槎。

經彭烈女墓有感

玉顔一去無消息，玉骨空埋野土坡。誰爲題名稱烈女，至今餘韵感人多。

對酒

玄碧花前傾紫霞，曲江回首夕陽斜。醉中童子問歸去，遥指紅雲島上家。

木犀花下懷石翁先生

木犀香透越山雲，記得根從海上分。恨殺西風夜來惡，一枝摧處正愁君。

夏日偶成

五月松堂枕簟秋，一簾疎雨晚風收。客知烟際來時路，先向江邊問白鷗。

鴛鴦

占得寒塘宿又飛，碧蘆秋水共依依。白頭不遂同心願，誤殺平生是錦機。

啜武夷春芽懷督府林公竹田

仙家春茗摘鎗旗，盞水烹來是上池。如此精華如此味，玉川到死不曾知。

次韻九日寫懷

僊軺一去何時回，又見籬邊菊半開。未舉重陽一杯酒，悲風斷續自天來。

陸丞相秀夫墓

海上墳傳陸侍郎，一碑誰爲表忠良？如今碑失墳何處？海水遺悲一樣長。

卜園居 二首

未老侵尋百病加，闢園還種邵平瓜。人間膏火心消盡，底用松花啖一車。
池亭清絶樹交加，静愛園居長菜瓜。飽食太平無一事，不妨閑駕白牛車。

對菊

老去東籬感興長，菊花還襲道袍香。獨吟佳色秋風裏，始信芙蓉不耐霜。

月夕獨酌 二首

近來天地少閑人，偶此傾杯對月真。啼鳥未知秋過半，落花猶錯認殘春。
風來松澗長絲竹，月麗山花盡綺羅。秋釀一瓢歌又舞，争教老子不婆娑。

讀東厓集偶成 二首

西湖寂寞如年夜，到處扶携避寇時。細雨張燈孤榻冷，寬愁賴有錦囊詩。
蛾眉毓秀錦江清，多少英雄此地生。遺愛如公爲郡縣，後人胡只以詩稱。

秋日同楊别駕西郭訪崔自仙宅

四野秋風兩袖飄，沿溪問處未辭遥。年光已换十餘度，依舊柴門鎖石橋。

六月度嶺

六旬七次度梅關，回首梅關想歲闌。衰病似難堪跋涉，寸心覺比舊時丹。

將度嶺戲題

纔出關來又入關，此心元無嶺雲閑。山靈莫訝囊無有，宇宙清風滿載還。

謝人惠菊

霜欺雪壓意安閑，中有貞心不怕寒。萬紫千紅零落後，一株誰遣到騷壇。

別憲長方松厓

憲使秋過粵水濱，昔年遺愛在吾人。入城丹荔還遮道，都是甘棠一樹春。

贈憲副劉毓之進表入京

三歲羅浮幾次過，分蓑曾共卧烟蘿。月明風細歸槎静，隔岸時聞欸乃歌。

羅浮別董東湖

憑高一望出氛埃，多少江山眼底開。宇宙無窮雙目短，不知何處是天台。

別周侍御 二首

金山鐵水曉霜寒，暫著鵜衣伴豸冠。欲向江山消別恨，江山翻覺別君難。

小金山下暫維舟，同向諸天汗漫遊。回首唐虞千百載，春雲一點太空浮。

贈世傑進士謝病歸潮陽

謝病初從海上歸，西湖還欵我柴扉。秋風恨不携君去，千仞岡頭一振衣。

贈區生

秋水秋雲杳一鄉，月明誰此棹相將。只愁錯認來時路，處處春風茉莉香。

次韻答柳汝瀾

親遇金華老牧羊，囊收六合一毫芒。何時再入西湖路，對榻張燈話武昌？

次韻答陳悦之見示 二首

舊約秋眠月一窩，荷衣風弄影婆娑。有金不買西湖醉，風月其如良夜何？

謾説秋光處處同，眼前煙水得隨公。醉來共把君山笛，吹入洞庭秋月中。

端陽日答楊舜臣見示懷仙十詠

沉醉蒲酒世紛紛，十詠懷仙聞不聞？即欲與君携笛去，月明吹盡鐵橋雲。

次韻答江桂軒憲副見示 四首

洞門秋冷日如年，我與煙花了宿緣。盡日烏啼秋雨裏，榴花笑伴石床眠。

秋光蕩漾此無涯，花既婆娑鳥亦嗟。茅屋松林映秋水，石門何謝鹿門家。

病枕焉知世上年，烟花釣艇是隨緣。風雨捲盡南窗雨，明月千峰中酒眠。

煙波咫尺便天涯，閬苑人間莫浪嗟。芳草出門傷客路，東風遊子未辭家。

東所先生文集後序

予少從先公授《論語》大義，至「夫子之文章，可得而聞；夫子之言性與天道，不可得而聞」，弗解厥旨，日求所謂性、天道、文章者而二三之，竟無歸着瑩徹處。先公俟予憤悱至再四，進而誨之曰：「其言性與天道，即夫子之文章。可得聞不可得聞，在學者有淺深爾。」予始大醒寤。比長，偏閲諸子史稱擅制作名家者，無慮百數十氏，往往騁詞藻、綯識博、鉤玄、索隱，率競累篇牘，疲人神思、口耳、目力，至不可了了者，曰：「某集某集卒於性、天道，初若不相統攝焉者，豈不繆甚？繆甚已哉。」成化、弘治間，白沙陳先生倡道吾廣，從之者益衆，最爲有得而以自見者，莫如吾東所張先生。先生幼超穎，出語不凡，服乃考太守兩山公庭訓，蚤有譽聞，時賢咸異之。謁白沙後，盡棄其素所業，以爲吾道依歸在是矣。卓有定見定力，介然不爲浮薄所摇撼。起居取予，纖毫不苟。深居杜門，務求專静精一之學，造詣日純。或疑白沙於禪，并及先生者。誠禪也，宜歸枯寂。而白沙舉於鄉，應聘而起受檢討，乃退而終身焉；先生亦舉於鄉，登於春官，爲地官郎，再起受南通議，乃退而終身焉。雖累疏乞休，而忠愛溢於言表；屏居山林，戀主憂國之念，不少曠夢寐，謂禪家作用能是歟？先生序《白沙集》，以麟瑞目之。粤自魯藪見獲夫子，傷吾道之不行。先生若謂白沙今之夫子也，隱然有慕顔閔自冀待意，非若大有得於性道者歟？癸酉，蜀少司徒三峰高公來按吾廣，重先生之學力，薦之，先生以病辭；索其文，欲傳之，先生辭不敏。蓋先生行端而辭修，沛然發之，根極理要，雖不爲程式而自不可及。今年，内江友山蕭公復來按廣，先生不可作，乃讀先生之文，益重之。謀諸憲學來溪張公、大參甌東項公、憲副夷齋沈公，咸謂有道者之言也，宜梓之。繼《白沙集》以有傳，不可乎？《易》曰：「觀乎天文以察時變，觀乎人文以化成天下。」夫天人相流通，其於文亦然。故五星聚奎則賢人見，賢人隱則天地閉塞。觀之察之，協應人事；化之成之，贊代天工，則所以毗翊我后，以裁成輔相，經緯天地，用昭一代之文獻，不至殞没焉者，真御史事，亦古蘭臺所職守。諸君子力成厥美，尤所以衛翼吾道者，意甚厚。且使天下後世之爲文章，知不可離於性與天道，衷極而焕發夫子之化遠矣。嘉靖辛亥歲冬十月中澣，賜進士出身奉議大夫南京通政使司右參議前翰林院庶吉士浙江道監察御史後學倫以諒撰。

跋東所先生文集後

東所先生者，白沙門人也。白沙倡道東南，先生從之遊，親炙其教，所得獨深。故天下仰先生者，如白沙云。余初入境，聞先生名而弗及見；欲求遺文而讀之，則又散逸亡失，無所於得。時代巡友山蕭公自西蜀按治嶺表，素慕先生之爲人，訪其家，得文與詩若干篇，爰命督學憲副張□□裒緝讎校，凡若干卷，刻于廣之學宮，始獲覩其成書。嗚呼！先生往矣，所謂不朽者，其在斯乎！先生學行出處，序之者詳矣。是刻中，奏疏、柬札皆先生所出緒餘，見於立朝交遊間者，一家之文獻足徵也；其碑銘、序、記與夫聲歌吟詠，往往關係世教，若《厓山新志》、彭烈女、吴孝婦之作，一鄉之文獻足徵也；至如碩儒、鉅卿往復論辯，與常同朝而敬事者酬答、投贈，尤多名流，且其所著《皇明名臣録》、宋陸丞相祠之類，抑亦一代文獻之足徵者也。顧其立言，不出日用應接之常理，而敦朴和厚、正直忠讜，藹然可掬。余生也晚，三復於此，爲之竊歎。雖然，又有感焉。先侍御三峰高公，蜀人也，亦嘗按治嶺表，當是時，與先生上下議論，已非一日，白沙祠田之建，公之德也，先生之心也。今去先生幾數十年，而友山蕭公復來表章之，先後一轍，項背輝映，事有曠百世而相感者，先生真其人哉！嘉靖辛亥冬十月刻成，以瀚有地方之責，屬志諸簡末。

余弗敢辭，因側其語於後，俾後之觀是集者，知興廢之不偶，而欲論先生之世者，亦庶幾有考焉。獨文乎哉！獨文乎哉！賜進士出身中順大夫廣東按察副使前翰林庶吉士吏科給事中東吴沈瀚跋。

集外文

贈林緝熙林先生教諭平湖序〔一〕

士必有包括宇宙之學、卷舒風雲之志、超趏古今之見〔二〕，然後可以蟬蛻汚穢之中而浮游埃壒之表，神明與居，造物與遊，處俗而不累於俗，爲法而不制於法。蓋在我者有其主也。無窮達、無古今、無生死，而況其他者耶？苟無所主，則牽制於俗，執滯於法，曰人不我與也，又曰法不我符也，是則累於名與法矣。以是名而拘中人則可，以是名而拘有道者，不可也；以是法而限中人則可，以是法而限有道者，不可也。今之論出處者，我知之矣，惟喜其同而忌其異。故仕者自以爲通，而不仕者自以爲高。余則以爲，苟吾有主，則處是也，出亦是也，不復可以是非論矣；苟無所主，則處非也，出亦非也，是非於是乎生焉。非之生，由於是之相形也；苟無非，則所謂是者何所有耶？余郡東莞林緝熙先生蚤歲英發，立志不群，在庠序間已峥嶸露頭角。成化乙酉領鄉書，舉進士不第，慨然有明道先生之志。適余郡白沙石齋陳先生倡道東南，先生遂

〔一〕《贈林緝熙林先生教諭平湖序》，《東所先生文集》未收。林光《南川冰蘗全集》卷末、屈大均編《廣東文選》卷八均收録（林光撰：《南川冰蘗全集》，北京：中國文史出版社，2004年，第436—437頁；屈大均編：《廣東文選》，《北京圖書館古籍珍本叢刊》，北京：書目文獻出版社，1990年，第117册，第210頁）。兹據屈大均編《廣東文選》補録。

〔二〕超趏，《南川冰蘗全集》所録作「超越」。

棄其所學而學焉，獨居扶胥，結屋欖山，遲遲十五六年之間〔一〕，所以講求性命、俯仰天人、低昂今古，如駕鯨鯢泛滄波，偉乎其大觀哉！浩乎其自得哉！庸何凡流得以窺其趣也？先生抱負既大，心志愈卑而聲名隱然以起，若今右都御史桂楊朱公尤見器異，力勸之仕，移文有司催逼上春官，先生遂行。已而會試中乙榜，得平湖教諭而行，論者稱屈，以爲位不稱其德、事不稱其才，而先生欣然喜得迎養老母、從事文帙〔二〕，得以求其志也。余嘗感夫人生所得於天，至貴而至重者心焉而已，所謂主也；耳目鼻口、四肢百骸，聚則成形，散則成風，乃不久之贅物，所謂客也。士君子往往爲其所累，窮極其欲，秖以供客而不識自家主人，悲哉！是以非是之論生焉，客爲之也〔三〕；窮達之感生焉，客爲之也；古今之間生死之變生焉，客爲之也。達者固不復累於是矣。先生蓋得此學者，焉往而不自得哉！余考圖經，平湖乃東浙秀區，山明水媚，沃壤千里，士人重文學而好遊樂。吾知車馬到日，衿珮如林，樽俎沿江而迓几杖，如再覩胡先生安定之再來也。太學生鄧貢甫、鍾元溥輩來徵文以贈。予既爲先生贈，又以之爲平湖士人賀。

〔一〕十五六年，原作「不五六年」，據《南川冰蘗全集》所録改。
〔二〕文帙，《南川冰蘗全集》所録作「文秩」。
〔三〕士君子往往爲其所累窮極其欲秖以供客而不識自家主人悲哉是以非是之論生焉客爲之也，《南川冰蘗全集》所録無。

翰林檢討白沙陳先生行狀〔一〕

先生諱獻章，字公甫，姓陳氏。高祖判鄉。曾祖東源。祖永盛，號渭川，少戇，不省世事，好讀老氏書，嘗慕陳希夷之爲人。父琮，號樂芸居士，讀書能一目數行下，善詩，〔年二十七卒〕〔二〕。卒之一月而先生始生。母太夫人林，年二十有四，守節教育之。祖居廣之新會縣都會村，至先生始徙居白沙村。白沙村去縣北二十里許。天下士大夫重先生之道，不斥其名字，因共稱之曰「白沙先生」。至於兒童婦女，亦皆目其爲「陳道統」云。

宣德三年戊申十月二十有一日，生於都會。先是，有望氣者言：「黄雲、紫水之間，當有異

〔一〕《翰林檢討白沙陳先生行狀》，《東所先生文集》未收，茲據徐紘編《皇明名臣琬琰後録》補録（徐紘編：《皇明名臣琬琰後録》第二十二卷，盛宣懷輯刊「常州先哲遺書」本，第1—12頁）。案：《皇明名臣琬琰後録》所録之《翰林檢討白沙陳先生行狀》，與黄之正刻本《白沙子全集》、何九疇刻本《白沙子全集》、孫通海點校《陳獻章集》等所附録之《白沙先生行狀》，差異頗多。《白沙子全集》、《陳獻章集》等所附録之《白沙先生行狀》，曾經人修改。《四庫全書總目》云：「徐紘，字朝文，武進人，弘治庚戌進士。以刑部郎中出爲廣東按察司僉事，分巡嶺東。終於雲南按察司副使。」（參永瑢等撰：《四庫全書總目》，北京，中華書局，1995年影印本，上册，第524頁）徐紘與白沙先生爲同時代人，與白沙先生及其弟子張詡、湛若水等均有交往，白沙先生先後有《武進八景爲徐嶺南紘作》、《題慈元廟呈徐嶺南紘》等詩，張詡則爲徐紘《皇明名臣琬琰録》作序。《皇明名臣琬琰後録》所録之《翰林檢討白沙陳先生行狀》，應屬未經人修改之版本。

〔二〕年二十七卒，原無，據《陳獻章集》所録補。

人生焉。」黄雲、紫水者，新會之山川也。又有占象者言「中星見浙閩，分視古河洛，百越爲鄒魯」，符先儒文公之説。及先生生，身長八尺，目光如星；右臉有七黑子，如北斗狀。音吐清圓，大類中州産。嘗戴方山巾，逍遥林下，望之若神仙中人也。生前一夕，太夫人夢白龍入室，其光如晝。諸異夢類是。自幼警悟絶人，讀書一覽輒記。嘗夢拊石琴，其音泠泠然，見一偉人笑謂曰：「八音中惟石音爲難諧，今諧若是，子異日得道乎！」因别號石齋；既老，更號石翁。

少讀宋亡厓山諸臣死節事，輒掩卷流涕。一日，讀《孟子》「有天民者，達可行於天下而後行之」，慨然歎曰：「大丈夫行己當如是也。」弱冠，充邑庠生。其師見其所爲文，異之，曰：「陳生，非常人也，勢利不足以羈之矣。」明年丁卯，中鄉試第九人，録經義一篇。

戊辰、辛未，兩赴禮闈，不第。聞江右吴康齋徵君與弼講伊洛之學於臨川之上，君徒步上謁，睹其風範，讀其條教，遂棄其學而學焉，時年二十有七也。康齋性嚴毅，來學者未與語，先令躬稼，獨待先生異，朝夕與之講究，如家人父子。受業歸，暇日或與門徒習射禮於曠野。未幾，流言四起，衆皆危之，先生漠如也。時翰林院侍讀學士錢溥謫知順德縣事，雅重先生，遺書先生：「亟起，毋貽太夫人憂。」先生以爲然，遂復遊太學。祭酒邢讓一日試先生和楊龜山《此日不再得》詩，其辭曰：「能飢謀藝稷，冒寒思植桑。少年負奇氣，萬丈磨青蒼。夢寐見古人，慨然悲流光。吾道有宗主，千秋朱紫陽。説敬不離口，示我入德方。義利分兩途，析之極毫芒。聖學信匪難，要在用心臧。善端日培養，庶免物欲戕。道德乃膏腴，文辭固粃糠。俯仰天地間，此身何昂藏。胡能追軼駕，但能漱餘芳。持此木鑽柔，其如磐石剛。中夜攬衣起，沉吟獨徬徨。聖途萬里餘，髮短心苦長。及此歲未暮，驅車適康莊。行遠必自邇，育德貴含章。邇來十六載，滅迹聲利場。閉門事探討，蛻俗如驅羊。隱几一室内，兀兀同坐忘。那知顛沛中，此志竟莫强。譬如濟巨川，中道奪我航。顧兹一身小，所繫乃綱常。樞紐在方寸，操舍决存亡。胡爲謾役役，斲喪良可傷。願言各努力，大海終回狂。」讓得之，驚曰：「龜山不如也。」明日，颺言於朝，以爲真儒復出。由是名振京師。一時名士，如羅倫、章懋、莊昶、賀欽輩，皆樂從之遊。欽時爲給事中，聞先生議論，歎曰：「至性不顯，寶藏猶霾，世即用我，而我奚以爲用？」即日抗疏解官去。先生既出太學，歷事吏部文選〔司〕〔二〕。先生日捧案牘與群吏雜立廳事下，朝往夕返，不少怠。郎中等官皆勉令休，對曰：「某分宜然也。」識者謂其抱負之大而克勤小物如此，得孔子爲委吏乘田之意。侍郎尹旻聞而賢之，遣子龍從學，先生力辭，凡六七往，竟不納。

成化己丑，禮闈復下第。有神見夢於人曰：「陳先生卷爲某投之水矣。」其後二十年，御史鄺文聞之禮部尚書從吏云：「某之爲也。」先是，先生寓居神樂觀，科道群公往來請益無虚日，既

〔二〕司，原無，據《陳獻章集》所録補。

而某被科道劾，疑出先生，故特惡之深，且曰：「彼戴秀才頭巾爾，動人若是，脱居要路，當何如耶？」揭曉，編修李東陽時爲同考試官，主書經房，索落卷不可得，欲上章自劾，冀根究焉，不果。時京師有「會元未必如劉戩，及第何人似獻章」之謠。以及輿夫販卒，莫不嘖嘖歎恨。門官某夢人太息曰：「天下經綸不屬陳先生矣。」先生亦自夢一龍躍出袖中，竟没於井，識者聞之，知爲先生道不行之兆也。群公往慰先生，先生大笑。莊昶進曰：「他人戚戚何太低，先生大笑何太高，二者將無過不及邪？」先生頷之。其居神樂觀也，北士麤鄙者數人約曰：「必共往困折之。」及見先生神〔樂〕觀，洞然氣沮，口噤不能發一言，致恭而退，因語人曰：「異人也。」今右布政使周瑛時同遊太學，所藏古人墨跡，愛踰拱璧，先生因借閱，經旬〔不還〕[一]。瑛數取，先生笑曰：「試君爾，君得非所謂玩物喪志者乎？」瑛於是有所警發。南歸，羅倫贈文，略曰：「白沙先生處南海者二十餘年矣，觀天人之微，究聖賢之藴，充道以富，尊德以貴，天下之物，可愛可求，漠然無動其中者。」莊昶詩曰：「百年吾道在東周，天下斯人豈易求。誰爲齊王留孟子，自知堯舜有巢由。鳳凰氣象終千仞，北斗光芒共九州。萬里東南滄海潤，蒼生何處問乘桴。」

既歸，杜門潛心大業，而道價響天下矣。四方學者日益衆，往來東西兩藩部使以及藩王島

〔一〕不還，原無，據《陳獻章集》所録補。

夷宣慰，無不致禮於先生之廬。先生日飲食其賓客，了不知其囊之罄也。自朝至夕，與門人講學、賓友論天下古今事，或至漏下，亹亹不少厭倦，翌旦精神如故，雖少壯者自以爲莫及也。江右藩臬左布政使陳煒等脩復白鹿洞書院成，以山長書幣走生員劉希孟等，聘先生爲十三郡士者師，先生報書謝不往。

壬寅，廣東左布政使彭韶上疏，略曰：「臣聞古昔聖帝明王，諮詢敷求，罔間遺逸，小或致之，大或起之；動則賴以成顯著之事功，静則因以繫士心之嚮慕。聲望丰采，蔚爲國華。竊見依親監生陳獻章，心術正大，識見高明，涵養有素，德性堅定。給假回還，杜門養志，沉潛聖賢之書，實窺體要；通達事物之理，有見精微。今年五十餘，讀書踐履，愈覺純熟，孝義著聞，人皆感動。臣等自度，才德不及獻章萬萬，猶且叨食厚禄，顧於獻章醇儒，反未及見用，非惟臣等之心誠有不安，抑國家不及收用，坐失爲善之寶也。伏見天順年間，英宗皇帝聞撫州民人吴與弼文行高古，特加禮聘，處以宫僚，奈緣與弼老病，辭不供職，是以未見作用之效。今獻章年方强盛，大非與弼之比，伏乞聖明以禮徵召，必有以補助聖德、風動士類。」疏聞，憲宗皇帝可其奏，命有司以禮勸駕。先生以母老并久病辭。時巡撫右都御史朱英懼先生終不起也，具題薦末云：「臣已趣其就道矣。」因曰：「先生萬一遲遲其行，則如予誑君何？」先生不得已起。至京師，朝廷用故事勑吏部考試。會疾，上疏略曰：「臣累染虚弱自汗等疾，又有老母，朝夕侍養，不能赴部聽選。成化十五年以來，左布政使彭韶、右都御史朱英，前後具本，薦臣堪充任使。吏部移文廣東布政司等衙門趣令起程，臣以舊疾未平，母年加老，未能輒行。府縣官吏承行文書日夕催迫，不免强起就道，而沿途病發，随地問醫，扶衰補羸，僅不大僨，於成化十九年三月三十日朝見。乃以久勞道路，舊疾復作。日復一日，病勢轉增，耳鳴痰壅，面黄頭暈，視昔所染，無慮數倍，衆目所覩，不敢自誣。又於八月二十二日得男陳景暘〔二〕書，報臣母别臣以來，憂念成病，寒熱迭作，痰氣交攻，待臣南歸，以日爲歲。臣病中得此，神魂飛喪，仰思君命，俯念親情，展轉鬱結，終夕不寐。臣之愚迷，實不知所以自處也。臣自幼讀書，雖不甚解，然於君臣之義，知之久矣。伏惟我國家教育生成之恩，陛下甄録收采不遺卑賤之德，至深至厚。於此而不速就，以圖報稱於萬一，非其情有甚不得已者，孰敢驁虚名、飾虚讓，趦趄進却於日月之下，以冒雷霆之威哉？臣所以一領鄉書、三試禮部、承部檄而就道、聞君命而驚心者，正以此也。緣臣父陳琮年二十七而棄養，臣母年二十四而寡居，臣遺腹之子也。方臣幼時，無歲不病，至於九齡，以乳代哺，非母之仁，臣委於溝壑久矣。臣生五十六年，臣母七十有九，視臣之衰，如在襁褓。天下子母之愛雖一，宜未有如臣母憂臣之至、愛臣之深也。臣於母恩，無以爲報。而臣母以守節，應例爲府縣所

〔二〕暘，原作「陽」，據《陳獻章集》所録改。

白，已蒙聖恩表厥宅里。是臣以母氏之故，荷陛下之深恩厚德，又出於尋常萬萬也。顧臣母以貧賤蚤寡，俯仰無聊，殷憂成疾，老而彌劇，使臣遠客異鄉，臣母之憂臣日甚，愈憂愈病，愈病愈憂，憂病相仍，理難長久。臣又以病軀憂老母，年未老而氣則衰，心欲爲而力不逮，雖欲效分寸於旦夕，豈復有所惜哉？臣所以日夜憂憊、欲處而未能者，又以此也。夫内無攻心之疾，則外不見從事之難；上有至仁之君，則下多曲全之士。惟陛下以大孝化天下、以至誠體萬物，海宇之内，無匹夫匹婦不獲其所者，則臣之微亦豈敢終有所避而不自盡哉？伏望聖明察臣初年願仕之心，憫臣久病思親不能自已之念，乞放臣暫歸田里，日就醫藥，奉侍老母，以終餘年。俟母養獲終，臣病痊愈，仍前赴部，以聽試用，則臣母子未死之年，皆陛下所賜。臣感恩益厚，圖報益深，雖死於道路，無所復辭矣。」疏上，憲宗皇帝親閲者再三。明日，授翰林院檢討，俾親終疾愈，仍來供職。蓋異數也。先生以表謝，其略曰：「臣本菲材，誤蒙薦舉，又以臣老母在念、沉痾在躬，未得以仰承試用。陛下憫其愚誠，不加誅責，使少寬旦夕之暇，已云幸矣；而又慰之以温言，寵之以清秩，使遂其欲去而勉其復來，此誠天地之量、日月之明、雨露之恩，出於尋常條格之外者。臣雖至愚，亦知銜負恩德，圖報稱於親終疾愈之日，不敢負朝廷待士之盛意、不敢違臣子效用之初心也。」又曰：「臣瞻望朝廷，違離在邇，雖圖報有日，而遲速未占，俯仰愧怍，無任感激戀慕。」表既上，又遲遲至於旬日始買舟南去。學士李東陽贈別詩云：「只有報恩心未老，更無辭表意全真。」諭德陸釴詩云：「逍遥佳客恣吟哦，古寺心齋長薜蘿。本爲愛君觀國屢，可堪思母望雲多。東郊信有靈光在，西土空聞鳳翼過。應笑病夫方鑄錯，汗顔何處逐頽波。」盖實録也。某，先生同省人也，素忌先生重名。及至京師，使人邀先生主其家。已而，先生僦居慶壽寺。某銜之。後因纂脩實録，陰令所比誣先生。學士某見之，不平，爲削去。歸經南安，知府張弼問出處，對曰：「康齋以布衣爲石亨荐，所以不受職而求觀秘書者，冀得間悟主也。惜乎當時宰相不悟，以爲實然，言之上，令受職然後觀書，殊戾康齋意，遂決去。某以聽選監生荐，又疏陳始終願仕，故不敢僞辭以釣虚名。或受或不受，各有攸宜爾。」弼唯唯。暨歸，歲有荐辭，皆援詔不行。初應詔而起也，道出羊城，所至觀者如堵，至擁馬不得行。歸之日，有祥雲五色遶其第，經日始散。

弘治改元以來，郎中等官婁性、藩府萬某、周某等先後疏荐。庚申，給事中吴世忠以先生及尚書王恕、侍郎劉大夏、學士張元禎、祭酒謝鐸等八人同荐與二三儒臣入内閣柄用，上方勑吏部查勘，而先生歿矣，是年二月〔二〕十日也，享年七十有三。歿之前數日，蚤具朝衣朝冠，命子弟扶掖，焚香北面五拜三叩首，曰：「吾辭吾君。」復作一詩云：「託仙終被謗，託佛乃多修。弄艇滄

〔二〕 二月，原作「三月」，據《陳獻章集》所録改。

溟月，聞歌碧玉樓。」曰：「吾以此辭世。」歿之日，頂出白氣，勃勃如蒸，竟日乃息。前一夕五鼓，鄰人聞車馬駢闐，異之，急出，見一人若王者狀，儀節甚都，出先生廬而去，以爲大官至，及旦詢之，無有也。先是，知縣左濬以醫來，先生病已亟矣，門人進曰：「藥不可爲也。」先生曰：「飲一匕盡朋友之情。」飲已，作詩遺之。没後一月，提學僉事宋端儀移文當道，請入祀鄉賢祠。都御史鄧廷瓚疏乞恩典，草已具，尋卒。御史費鎧、巡撫雲南都御史李士實俱疏乞不拘常例賜與贈謚諭祭，不報。是年七月二十有一日，葬於圭峰之麓，辛向之原，遠近會葬者幾千人。左布政使周孟中賻白金三十星助葬，誄之以辭，刻石於墓。三府暨藩臬諸公、門人親友，遠近相續，設奠致賻，殆無虚日。於戲！生死哀榮，吾於先生見之矣。

先生少負氣節，每出少絀歸，輒對伯兄泣不食，房婢偶露體，告太夫人，必黜之乃已。初待學者甚嚴，晚更平易。孝弟出於天性，事太夫人甚謹。太夫人非先生在側輒不食，食且不甘。先生在外，太夫人有念，輒心動，亟歸，果然。母愛子慕，惟日不足。太夫人頗信浮屠法，及病，命以佛事禱，先生從之。御史王鼎曰：「此見先生變通處也。」北行時，不能別太夫人，欲倣徐仲車故事，伯兄不可，曰：「吾弟爲人子，吾獨不爲人子乎？」兄弟泣争，義感行路。太夫人歿，以七十年之孤子，居九十年之母喪，哭擗食素，一如先王之禮。太夫人耄耋，康强如壯，先生以古希年顧多病，嘗慮一旦身先朝露，不能送太夫人終，故自太夫人七十年之後也，每夕具衣冠秉燭焚香，露禱於天，曰：「願某後母死也。」後喪太夫人，服闋，絶不衣錦繡，曰：「向者爲親娛耳。」通判顧叔龍曩見先生束木帶，解所束玳瑁帶贈，至是反之。一念衡山，靡間朝夕，曰：「自今以往，未死之年，皆幸也。」事伯兄如父，坐必隅坐。

雖跡處山林，其愛君憂國之心，視諸食禄者殆有甚焉。憲廟之升遐也，哀詔至，先生如喪考妣，有詩曰：「三旬白布裹烏紗，六載君恩許卧家。溪上不曾携酒去，空教明月管梅花。」知言者讀之，當知先生之心，無一日不在天下國家也。

爲人豁達大度，不與物競。未第時，鄰人有侵其屋地者，欲威之以力，揚言於衆曰：「陳氏子異日他出，我必辱於途。」及見，不覺自失。先生曰：「尺寸地，吾當爲若讓。」其人慚，竟不能作惡而去。又有侵其田者，處亦如之。後復有盜葬其祖墓者，先生怒曰：「此義不共戴天也。彼不即悛，吾即訟之官。吾敢沽虚名而忘大義哉？」盜葬者聞之，果悛。巡撫湖廣都御史謝綬遺先生壽木甚美，一日，其交厚陳某卒，遺言必得木如先生者，其子以告，即舉以畀之。林良者，以畫名天下，嘗作一圖爲先生壽，惠州同知林璧至，閲之愛甚，亦即畀之無吝色。知縣趙某，頗著貪聲，懼先生遇當道露其事，遺白金數鋌爲太夫人壽，先生不得已受之，戒家人勿啓。某後以贓去官，追而還之，其人感泣。提舉汪廷貞慕先生特甚，在海北時，作懷沙亭以寓仰止，亦數以白金爲先生壽，其卒於官也，盡封還以爲賻。參政伍希淵、僉事戴中輩，以次各遺白金欲新先生居，却不可，乃營小廬山書屋以處四方學者。初年甚窶，嘗貸粟於鄉人，僉事陶魯知之，遺田若干頃。晚年，按察司李士實倣鄭富公故事，破數百金買園一區在羊城之北，甚廣，先生封券至於三四往返，卒俱不受。御史熊達倣洛陽故事，欲建道德坊於白沙以風士類，先生不可，乃議創樓於江滸，爲往來嘉賓盍簪之所，榜曰「嘉會」。先生曰：「斯可矣。」先是，達亦以疏薦先生於朝，大略謂：「宜及先生年未艾而亟用之也。」都御史鄧廷瓚檄有司月致米一石，歲致人夫二名。却之以詩，云：「孤山鶴啄孤山月，不要諸司費俸錢。」行人左輔出使外夷，以其師意，致白金三十星，亦拒而不受。其視利若将浼焉如是。太夫人兄弟之子陳敬幼無依，先生收育，教之成人，至割田廬以樹其家。嘗買婢，得邑人尹氏女，既而知之，歎曰：「良家子也。」命内人撫育如己女，及笄，擇婿嫁之。友人莊昶病，遣書求先生門人知醫范規者往，規貧〔二〕不能赴，先生即備行纏服食津遣。

與人交，無生死炎凉之别。都御史朱英柩歸桂陽，爲文遣子不遠數千里設奠。尚書彭韶、御史袁道、經歷張黻輩之殁也，亦然。其聞羅倫、袁道、張黻之訃也，皆設位哭，爲之緦服三月。參政胡榮爲提學僉事時，雅重先生，嘗選生員有異質者十餘人往受業，今學士梁儲、參政李祥輩

〔二〕 貧，原作「者」，據《陳獻章集》所録改。

與焉。其後榮遭母憂，先生特行弔禮於新喻。及祭吴與弼墓於崇仁、羅倫墓於永豐，訪莊昶宅於江浦。

其論治道，以正風俗、成人材爲急務。知縣丁積之初知新會縣事也，出其鄉人給事中董旻書爲介，求執弟子禮，先生百凡啓迪，以致四禮大行，民愛之如父母。及卒於官，先生綜理其後事如己事。後民立祠於白沙，先生記之。其始終成就，皆先生之力也。顧叔龍爲同知知德慶州，卒，遭事不測，先生毅然任其事，曰：「朋友之責也。」後聞其子某至，乃已。翰林院庶吉士鄒智以言事謫石城吏目，其父自蜀來，怒其去官也，日撻之，賴先生諭之以理，始釋。其後，智卒於順德也，劉大夏時爲右布政使、吴廷舉時爲順德縣知縣，先生相率厚賻，擇人而扶歸之。李承箕裹糧自嘉魚數千里從學，先生服食行纏，待如子弟，復築楚雲臺以居之，臺榜一聯云：「有月巖光瀨，無金鄣隗臺。」學士王鏊聞而嘆之，盛稱先生出處之正，見《黄公（山）釣臺記》。東莞林光，始有志於學，後爲貧累，先生欲成之，謀田於肇慶同知張吉，以光不歸，乃不果。其接引後學，随人材大小而成就之，類如此。嘗慕先哲宋丞相崔菊坡之爲人也，迎其像，爲文祭於家，隅坐瞻仰，若弟子之於師者久之。程節婦，鍾氏子也，孀居二十七年，貧甚，先生既爲詩以嘉其節，復遺帛以周其貧。君子謂：「使先生大得志，表先德、舉賢才，當不遺餘力也。」其見義樂爲如飲食焉，如是。厓山大忠祠、慈元廟之建與夫祀典之舉也，皆發議於先生，與副使陶魯、右布政劉大夏、僉事徐紘共成之。大忠祠成，太夫人夢金冠三人從甲士數百謝於門。慈元廟之未建也，先生夢一女人后飾，立於大忠之上，曰：「請先生啓之。」後十年建廟，即其所也。故先生《弔慈元詩》有「依稀猶作夢魂通」之句。

先生精神時與神明通。居外海陳謙宅，有異人來見。嘗夢遊天台，至第八重而覺。又夢一長髯道士，以布囊貯羅浮山遺之；八月八夜，忽夢玉宇無瑕、碧雲燦爛，南斗下大書八字，下有四人面西而行，或隱或見；臨没，夢與濂溪、兩厓答歌於衡山之五峰，皆紀之以詩。蓋其神之極清，故所感如是，昔人所謂「夜驗之夢寐」者也。北歸時，泊舟江滸，夜半有人呼，急起，未幾水至，溺死人畜無算，因得免。

先生德氣睟〔二〕面盎背，無貴賤老少，莫不起敬。給事中賀欽執弟子禮，既别，肖先生小像，懸於家之别室，有大事必啓焉。羅倫改官南京脩撰，先生謂曰：「子未可以去乎？」倫即日解官去。按察使薛綱始疑先生，及得於觀感，乃悔嘆，即欲解官從學，有詩曰：「欲抛事業留門下，老驥那能學駿奔。」進士姜麟以史事使貴州，特取道如白沙，以師禮見先生，出曰：「吾閲人多矣，

〔二〕睟，原作「粹」，「睟面盎背」，語出《孟子·盡心上》「其生色也，睟然見於面，盎於背，施於四體；四體不言而喻」，據改。

如先生者，耳目口鼻，人也；所以視聽言動者，殆非人也。吾何以名哉！」至京師，有問之，對曰：「活孟子！活孟子！」都御史韓邦問、劉洪官廣東藩臬時，每見詡，一則曰「無緣」，一則曰「無福」，以不見先生爲恨也。嶺南士遊國學者，北士必問曰：「遊白沙先生門否？」以一字一墨爲符驗，而因之以輕重其人焉。壬寅，別都御史朱英於蒼梧，英預約束參隨官，竢先生至，掖之從甬道出入，先生力辭不能。英歎曰：「古之聖帝明王尊賢之禮，有膝行式車者，況區區乎？」有中貴謁先生廬，至江滸，却肩輿走數百步。入京師時，道經南安，知府張弼倣曹參師蓋公禮以待先生。道出淮陽，總戎平江伯陳鋭往復差官具人船護送，極其禮意之隆。暮年，欲卜築衡山，都御史沈暉創屋、士人某等割田以待。左布政使周孟中甫下車，即謁先生於白沙，欲請先生入省南面坐，受拜咨問，以風一方，以先生病，不果。嘗經畿内山鄉，熱甚，思生菜，值山民植者良少，前此貴客重價求之弗獲，先生至，山民群來獻之。寓京師時，走家僮市靴於肆，工人聞自先生，亟易以佳者。其至誠能動，又往往如是。

先生之始爲學也，激勵奮發之功，得之與弼爲多。自臨川歸，足跡不至城府。朱英時爲參議，造廬求見，卒避不見。閉户讀書，盡窮天下古今典籍，旁及釋老、稗官、小説；徹夜不寢，少困，則以水沃其足。久之，乃嘆曰：「夫學貴乎自得也。自得之，然後博之以典籍，則典籍之言我之言也；否則，典籍自典籍而我自我也。」遂築一臺，名曰春陽，日靜坐其中，足不出閾外者數年。有答張元禎問學詩曰：「古人棄糟粕，糟粕非真傳。眇哉一勺水，積累成大川。亦有非積累，源泉自涓涓。至無有至動，至近至神焉。發用茲不窮，緘藏及淵泉。吾能握其機，何必窺陳編。學患不用心，用心滋牽纏。本虛形乃實，立本貴自然。戒慎與恐懼，斯言未云偏。後儒不省事，差失毫釐間。寄語了心人，素琴本無絃。」久之，又嘆曰：「夫道非動静也，得之者，動亦定，静亦定，無将迎，無内外，苟欲静即非静矣。」於是随動随静以施其功。有示張詡詩曰：「知夜則知朝，西風漲暮潮。千秋一何短，瞬息一何遥。有物萬象間，不随萬象凋。舉目如見之，何必窮扶摇？」又曰：「登高未必高，老脚且平步。平步人不疑，東西任回顧。豈無見在心，何必擬諸古？異體骨肉親，有生皆我與。失之萬里途，得之咫尺許。得失在斯須，誰能別來去？明日立秋來，人方思處暑。」又曰：「兩脚著地此何關，白雲與爾同去還。正當海濶天高處，不離區區跬步間。」蓋其學初則本乎周子主静、程子静坐之説以立其基，其自得之效，則有以合乎「見大心泰」之説，故凡富貴、功利、得喪、死生舉不足以動其心者；其後造詣日深，則又有以進乎顔氏「卓爾，雖欲從之，末由也已」之地位，而駸駸乎孔子無意必固我之氣象矣。其學有本原、進有次第，的然可據如此。迨其晚年，超悟極於高遠，則又非他人所能窺測、言語所能形容者矣。其始，懼學者障於言語事爲之末也，恒訓之曰「去耳目支離之用，全虛圓不測之神」；其後，懼學者淪於虛無寂滅之偏也，又恒訓之曰「不離乎日用，而見鳶飛魚躍之妙」。門人各随其所見所聞執以爲則，天下之人又各隨其所見所聞執以爲稱，果足以知先生之道也哉？有詩曰：「千〔一〕年無鮑叔，一懶有柴桑。」蓋亦嘆天下之莫我知也。所待天下之大，千百世之遠，其心同，其理同，豈無知言者起？誦其詩，讀其書，當有以知其人。卓卓乎，孔氏道脉之正傳，而伊洛之學蓋有過無弗及也。是故見諸日用與百姓同也，至於不言而信，不怒而威，聞風者興起，沭化者心服，蓋有莫知其爲之者。使得大用於世，綏來動和之效，庶幾乎！

先生嘗以道之顯晦在人而不在言語也，絶意著述。有詩曰：「他年倘遂投閑計，只對青山不著書。」又曰：「莫笑老傭無著述，真儒不是鄭康成。」有勸之者，對曰：「伏羲著述數畫耳，況畫前又有《易》乎？」君子曰：「先生著述可謂富矣，自一言演之可萬言，自萬言斂之可無言。」今其詩文不下萬餘首，獨非著述乎？莊昶讀先生詩集曰：「喜把炷香焚展讀，了無一字出安排。爲經爲訓真誰識，非謝非陶亦浪猜。」又曰：「老誰静裏都無事，笑此山中亦著書。帝伯皇王鋪叙裏，乾坤今古笑談餘。」大學士李東陽始得先生《藤蓑》諸作也，語人曰：「待某謝官，絶烟火十年，然後可屬和耳。」蓋皆知言者也。其爲文也，主理而輔之以氣，雖不拘拘於古人之繩尺，故自有以大過人者；其爲詩也，則功專而入神品，有古人所不到者矣，蓋得李杜之制作而兼周

〔一〕千，原作「十」，據《陳獻章集》所録改。

邵〔一〕之情思，妙不容言。故其詩曰：「子美詩中聖，堯夫又别傳。後來操翰者，二妙少能兼。」今蒼梧、山東皆梓行其集，惜乎未全也。至於書翰如其詩，能作古人數家字。山居，筆或不給，至束茅代之。晚年專用，自成一家，時呼爲茅筆字，好事者踵爲之。有詩曰：「神往氣自隨，氤氳覺初沐。聖賢一切無，此理何由矚。調性古所聞，熙熙兼穆穆。耻獨不耻獨，茅根萬莖秃。」又曰：「茅君頗用事，入手稱神工。」又曰：「茅龍飛出右軍窩。」皆指茅筆也。天下人得其片紙隻字，藏以爲家寶。太夫人嘗夢星斗燭天，旁有人指謂曰：「此爾家秀才文字也。」與弼壻某，貧不能自振，造白沙，求書數十幅，歸小陂，每一幅易白金數星。庚申，朝廷遣官使交南，交南人購先生字，每一幅易絹數匹，攜者恨不多也。

先生教人，隨其資禀高下、學力深淺而造就之，循循善誘，其不悟不强也。至於浮屠羽士、農商僕賤來謁者，先生悉傾意接之，有叩無不告，故天下被其化者甚衆。南畿僧太虚，知名當世，亦以其學求正於先生。先生復書，以「逝者如斯夫，不舍晝夜」告之，曰：「我以此證也。」先是，先生道南畿，見太虚，告以念老母。太虚爲朝夕禮拜祝願，至先生歸相見，乃已。其篤信如此。烏乎！若先生者，君子謂「周子之後，一人而已」者，非邪？

〔一〕邵，原作「召」，據《陳獻章集》所録改。

詡也無似，自成化辛丑見我先生于白沙，我先生即以國士待，其後受教多而辱愛厚。臨歿，具書趣至白沙，寄以斯文。告門人羅冕曰：「吾道吾有所託矣。」示以詩云：「古往今來幾聖賢，都從心上契心傳。孟子聰明還孟子，誰今且莫信人言。」又曰：「萬丈祝融何處山，三年碧玉夢相關。多少畫工傳不去，都没賢今畫幅寬。」又曰：「病久惟聽命，詩成不浪傳。門前花十丈，玉井正開蓮。數椽剛到地，一棟正横天。不忘吾道在，萬萬歲相連。」既而曰：「孔子之道至矣，幸毋畫蛇添足。」又曰：「用斯行，舍斯藏。子其勉之，吾言止是矣。」嗚呼！言猶在耳，不肖詡斗筲之器，何脩何爲而後可以少副我先生付託之重乎？

先配張氏，生子二人：曰景雲，作小詩得唐人體裁；曰景暘〔二〕，充邑庠生，先先生卒。女二人：婿黄彦民，指揮倪麟，〔後改譚某〕〔三〕。孫男三人：曰田，曰畹，皆庠生；曰豸，尚幼。繼室羅無出。

先生没後，門人聚議，以湛雨爲行狀，李承箕爲墓銘，梁儲爲傳，而墓表則屬之詡也。湛之爲行狀也倉卒，事多未備。詡竊懼久而湮晦無傳，重加補葺。僉事許咀嘗刻梓以傳矣。嗣是有

〔二〕暘，原作「昜」，據《陳獻章集》所録改。
〔三〕後改譚某，原無，據《陳獻章集》補所録。

待於同門者數事，復增入焉。雖恒心細行，不敢有遺，如昔人年譜之爲。庶幾他日有與於斯文者取而删述之，以爲世訓，初不暇計其言辭之蕪且陋也。謹狀。

大理寺左寺正嚴公本傳〔一〕

嚴公名本，字志道，號蒿菴。其先居蘇之崑山巴城里。生再期，母趙亡。八歲，出就嘉定戚氏姑家從素室祁先生學。既冠，授父命僦居常之江陰邑城北，遂占籍焉。舌耕筆耨，得粟布，躬負歸養，父甚樂之。張載菴庸、黄友古常，齒德望一邑，咸爲忘年友，題寓舍曰「君子齋」。父病，歸侍藥克謹。暨没，哀毁治喪，斥釋道教，一本朱子《家禮》。服除，益自礪，取經書及史籍朱批黑勘，期在躬行以傳後裔。復以歷代刑書惟在《刑統》，傅霖雖括韻語，然辭約義博，註者弗一，廼裒諸家言附以己見，著《刑統賦輯義》四卷，藏以俟時。永樂癸巳，太宗命廷臣五品以上洎郡邑各舉所知以安養軍民，吏部郎中何君澄薦以堪職風憲、江陰令李君進復以材宜牧民舉。明年，徵至南京。仁宗在青宫監國事，命吏部尚書蹇公義試理人策一篇，復舉律疑數條爲問，隨問敷答，同試者皆授郡邑職，獨拜刑部廣西清吏司主事。時掌部侍郎張公本介潔自持，鮮有當意，

〔一〕《大理寺左寺正嚴公本傳》，署名爲張詡撰，《東所先生文集》未收，疑爲張詡集外文，兹據焦竑輯《獻徵録》補録。

疑獄多俾訊之。安慶鄉民七人夜漁于河，竊民舟米，軍衛邀功，抵以强劫重辟。一訊知其冤，改以杖徒，政多類是。辛丑歲，上命尚書宋公禮伐木于西蜀，與輔行選。既至，保恤軍民事獨先集。烏蒙蠻號羿子，强獷難化，一夕驚疑，被甲負弩群至。衆皆懾懼，獨挺身諭以朝廷威德，蠻遂帖服。自宋公而下，悉以爲弗及。仁廟嗣統，徵還，大理卿虞公謙、刑部尚書金公純同日論薦，即授承德郎、大理寺左寺正。時法曹斷獄，多以「知情故縱」及「大不敬」爲擬，持争之曰：「我朝定律，除逆叛數條外，餘無故縱之文，况不敬情罪輕重弗一，庸可槩入重比以失聖朝明慎庶獄意乎？」虞公韙之，悉爲駁正，迄今遵守。敭歷既深，清介孚于遠近，勑命貤恩，贈父俊如其官，母、妻俱安人，賜白金十兩，寶鈔二百錠，歸營焚黄之禮。妻郭歿于南京官舍，弗再娶，子三人。吴文恪公時爲監察御史，撰小傳，係節文。少嘗好琵琶，受先君之教而絶之；亦嘗爲酒所困，感友古黄先生之教而改焉。及讀程子制外安内之箴，頓然而悟，因推類以通其餘。故鄭衛之樂不使經耳，靡麗之色不使近目。親友張宴而聲妓佐酒，必毅然起避，固挽之亦不留。凡宴享之際，以禮酬酢而已。思宣聖鬼神敬遠之訓，故巫覡禱祠之事絶口不道，遇他人女婦之寺觀廟宇者，必嚴言斥其非。或以招怨讟止之，則曰：「吾以名教爲重，奚恤人言？」海隅計嗣《書傳後》有告儀真簿與吏盗官麻萬斤，已誣服。察其冤，覆勘麻數不虧，特昭雪之。徽州民有室女無夫而娠，舅氏詰責之，女懼，解衣水際而逸。女之母訴弟逼女溺死，杖徒。駁以屍未獲，令檢尋。後于隣邑得其女，蓋與人私通以逃，始正其罪，追還徒者。翰林修撰張洪著《傳》有御史陳旭子與鄉人同飲于肆，俱爲邏者所獲。蓋鄉人前爲盜劫人，事覺而逃，餘黨七人已棄市。鄉人既就繫，懼拷誣，引御史子同盜，且分之贓。案具而鄉人死。御史子無以自明，謬以其母簪珥爲贓。公閱案，見前七人招服，未嘗有御史子。及召事主驗所入贓，非其物，疑而問之，其子號痛稱冤。公將直之，同列皆謂成獄久，不可改。公曰：「御史子有冤而不得白，執法者能無慚乎？」乃獨署其案聞于朝而釋之。其在大理時，良鄉民有失馬，疑其隣盜之，執告于縣，縣丞亦以爲可疑，因拷訊過重而死。法司坐丞決罰不如法，當徒；而又坐告者以絞。公曰：「因公殺人，罪丞當矣。告者因疑而訴，豈可坐以誣告致死哉？所擬則似丞與告者各殺一人矣。」遂駁正，而活告者之死。有某衛指揮畜交阯蠻童，既長爲娶，目爲養子。後指揮戲其婦，不從。事覺，法司罪以强姦子婦。公駁之曰：「養子非所生，而姦且未成。比于内亂有間矣。」覆議得減死從流。莒州有屯卒奪民田，爲其所訟，得罪于按察司。卒讐之而無以逞，夜盜民家驢以歸，民搜索得之，卒反以民爲誣賴，擒送千户孫恭所。千户與卒于親，民被禁勘至司死。法司坐千户以因公徒罪。公曰：「殺以止殺。千户得生，則死者啣冤。」遂正其故勘之罪，山東人皆快之。蘇州衛卒十餘人駕舟運餉泊河西。務夜劫客，其中一人爲事主所殺，餘黨愳事覺無以自飾，見隣舟有押解人帶兵仗防囚而行者，因謬指押解人劫商財，謂其侶往救而被殺，擒告于官，皆誣服。覽其牘，疑之曰：「押解人與因同舟，借使爲盜，囚必知之。」駁令驗問，果得其實，遂釋押解人而正強盜之罪。永樂間，嘗領部檄督事于宣歙諸郡。時部官出臨州縣者多昧大體，爲有司所忽。有郡守恃京朝舊職，于人罕所敬讓，見公獨踧踖而加畏，間持酒殽致餽，欲以微覘公意；而繼以贄禮，公毅却之。守退而嘆曰：「吾守此郡，閲貴人多矣，清白有持，唯嚴公一人焉。」越府右長史周忱《書傳後》奉命督辦太平者非一人，公館不能容，則分寓僧寺。一日，民有懷白金數十兩詣寺賂他督辦者，而誤詣志道。既見，民驚愕欲引却不能。詢之，具以實對。即日徙寓學舍，僧莫知其由，自疑有失而見遠也，懇留且謝過。笑曰：「吾欲就儒者談耳。」絶口不與人知。竣事去，懷金者乃顯言其事。時督辦後期者例罰工作，志道不忍急責民。或曰：「獨不慮罰工乎？」曰：「吾已辦矣。」蓋先寓書其子鬻田爲工作費。後監察御史尹崇高太平還，語予；繼數遇太平士人，語加悉。華蓋殿大學士楊士奇《書傳後》嘗承工部文移發南直隸夫匹，郡縣具匹，名爲籍吏胥緣、爲奸匿貲賄者，他人不之察。志道閲舊版，盡摘户之匠者發之，郡邑不能容。其奸既發，吏不即遣，以稽限例當拘役，子姓憂惶，曰：「貧奈何？」曰：「牽馬鬻諸市。」曰：「不足。」「齎券鬻其田。」曰：「奈老何？」曰：「病即死耳。」略無戚容。《送焚黄序》

楊太后像贊〔一〕

夷狄亂華，天下莫救。曾謂婦人，能出隻手。朝閩夕廣，提一弱孤。依臣張陸，爲宗社圖。所奔波者，趙氏塊肉。今則亡矣，伊疇之屬。茫茫大海，蹈之若無。只見仁義，不見其軀。曹娥死孝，貞義死信。惟后死之，仁至義盡。内夏外夷，大明春秋。女中堯舜，惟后斯儔。回視前人，牝晨禍水。一薰一蕕，如龍如鬼。皇明嘉奬，全節是祠。維持風化，著於銘詩。

陸丞相像贊

扛鼎之力，含弘之量。捧日南奔，首居弼亮。碧海蒼厓，行朝草創。玉笏垂紳，大學勸講。潤色絲綸，王言敷暢。時時從班，飲泣北向。大事頓非，朝服陳狀。一辱犬羊，生不如喪。蛟龍之窟，臣主俱葬。於社稷死，義之攸當。龍逢比干，我心一樣。皎如日臨，巍乎嶽壯。

〔一〕自《楊太后像贊》至《張太傅像贊》四篇，原缺，兹據郭棐《嶺海名勝記》卷十九所輯録補出。

文丞相像贊

方鴟鳶之争腐鼠也，公則鴻冥於天池矣；當旄頭之侵昴畢也，公則鷹揚於帝扉矣。夫趨利避害者，人之恒情也，而公則蹈害如飴焉；好生惡死，世之故態也，而公則視死如歸焉，所以浩然之氣塞兩間。有騎龍搏虎之勇，經濟之才蓋一世，有轟雷擊電之奇，故能煉石以補青天之漏，隻手以扶紅日之欹。奈何蛟龍失水，一旦困於螻蟻，天不祚宋，國事日入於非。豈其才不足，乃天運之難支也。於是乎從容就義，苦之以流離患難而弗恤；慷慨捐軀，加之以鼎鑊刀鋸而弗知。嗚呼！黄河可轉，公心不移；泰山可動，公誠不虧，得非所謂萬人之傑、百世之師者與？

張太傅像贊

桓桓樞密，鷹揚虎視。天步方艱，提兵入衛。焦山之戰，赴水萬人。得人死力，詎非公真？腥風迫人，請移龍駕。背城一戰，誰其沮者？卞彪説降，斷舌磔之。日光玉潔，忠肝義膽。從龍入海，力豈弗定？髮短心長，有才無命。瓣香祝天，颶風覆舟。箕比之心，屈胥之儔。赤坎之陽，堂封四尺。公甫作詩，垂示無極。

題游心樓〔一〕

何處游心樓欲飛，西風瀝瀝吹我衣。江湖廊廟多儒碩，得借吟風弄月歸。
我欲游心游太虛，乾坤風月共模糊。樓外青山招不至，相看撚斷幾莖鬚。

〔一〕《題游心樓》，原無，據《陳白沙的書法藝術》所録補。

附録

南京通政司左參議張公詡傳

黄佐

張詡字廷實，少負經濟，力行好古，不爲口耳之學。莆田彭韶見其少作詩，美之曰：「嶺海孤鳳也。」成化甲辰登進士，疏乞養病歸。總督兩廣都御史屠滽俾有司促之仕，遂北上，授户部主事。尋丁艱歸，隱居二十餘年。弘治辛酉，巡按御史費鎧疏詡「學問優長，操履端慎，杜門高尚，不干時事」，部書下有司速駕。詡以疾辭，不起。正德初，御史程材、王昊前後疏詡「少從陳獻章講學，祖濂洛正派，爲嶺南學者所宗。師友淵源，踐履純篤，閉門養疴，讀書求志，可大用」。部書再下，詡復辭如前。繼而吏部以「詡敦龐博雅，綽有古風，恬静清修，欲忘世累」薦，不報。壬申，巡按御史周謨疏詡「議論明正，事體疏通，言不忘道，志不忘君」。癸酉，御史高公韶疏詡「學有體用，不爲一偏之行」以聞，有旨起用之。甲戌，拜南京通政司左參議。檄下，趣上道。先具疏辭，遂抱疾赴南畿，謁孝陵而歸。抵家不閲旬，卒，年六十。詡嘗贊白沙遺像，有曰：「嗚呼噫嘻！大道堂堂，其顯也，鏡中鼻現；其隱也，海底金藏。」蓋其所見類如此。（焦竑《獻

徵録》）

《四庫全書總目》「東所文集十三卷」浙江汪啟淑家藏本

明張詡撰。詡有《白沙遺言》，已著録。是集凡雜文十卷、詩三卷，其學出於新會，故所爲《白沙文集序》、《白沙遺言纂要序》、《周禮重言重意互注序》及學記、與友人往復諸書，大抵皆本陳氏之説。

圖書在版編目(CIP)數據

張詡集/(明)張詡撰;黄嬌鳳,黎業明編校.—
上海:上海古籍出版社,2015.11
(嶺南思想家文獻叢書)
ISBN 978-7-5325-7815-3

Ⅰ.①張… Ⅱ.①張… ②黄… ③黎… Ⅲ.①張詡
(1456~1515)—文集 Ⅳ.①Z424.8

中國版本圖書館 CIP 數據核字(2015)第 234902 號

嶺南思想家文獻叢書

張詡集

[明]張 詡 撰

黄嬌鳳 黎業明 編校

上海世紀出版股份有限公司
上 海 古 籍 出 版 社 出版
(上海瑞金二路 272 號 郵政編碼 200020)
(1) 網址: www.guji.com.cn
(2) E-mail: guji1@guji.com.cn
(3) 易文網網址: www.ewen.co
上海世紀出版股份有限公司發行中心發行經銷
惠頓印刷實業公司印刷
開本 890×1240 1/32 印張 10.25 插頁 2 字數 197,000
2015 年 11 月第 1 版 2015 年 11 月第 1 次印刷
ISBN 978-7-5325-7815-3

B·915 定價: 39.00 元